혼자서도 연주하기 쉬운

스튜디오 지브리

우쿨렐레 연주곡집

윤문선 저

태림스코어

머리말

　　하와이에서 건너온 작은 현악기인 우쿨렐레는 남녀노소 누구에게나 쉽게 접근이 가능한 악기입니다. 비록 네 줄밖에 없는 악기이지만 멜로디 연주와 코드 연주가 가능하며, 독주 또는 앙상블의 시너지가 가득한 악기입니다. 따라서 요즘 시대에 1인 1악기로 어울리는 악기입니다.

　　이런 특색을 가진 우쿨렐레와 지브리 음악이 잘 어울려 책을 출간하게 되었습니다. 지브리 음악은 노래를 직접 부를 수는 없지만 서정적인 멜로디를 통해서 마음의 회복, 치유를 기대할 수 있습니다.

　　이 악보의 특징은 바레코드(2개 이상 줄을 잡는 것)를 최소한으로 줄이고 코드는 어렵지만 지판을 잡기 편한 코드 진행으로 편곡하였습니다. 또한 제목 아래에 코드표를 첨부하여 각각의 코드를 바로 알 수 있도록 하였으며, 앙상블의 효과를 낼 때 스트로크를 적용할 수 있도록 만들었습니다. 이 교재를 통해 지브리 음악을 우쿨렐레로 쉽게 연주할 수 있기를 바랍니다.

　　마지막으로 음악의 길을 접할 수 있도록 지원해 주신 부모님과 가족, 영원한 나의 빽 하나님, 악기 지원을 해주신 위드뮤직컴퍼니 송병윤 대표님, 해외악기 조영호 대표님, 박선화 실장님 그리고 출판의 모든 과정을 지원해주신 현석호 이사님, 황세빈 편집자님 이하 모든 태림스코어 관계자분께도 진심으로 감사드립니다.

윤 문 선

차 례

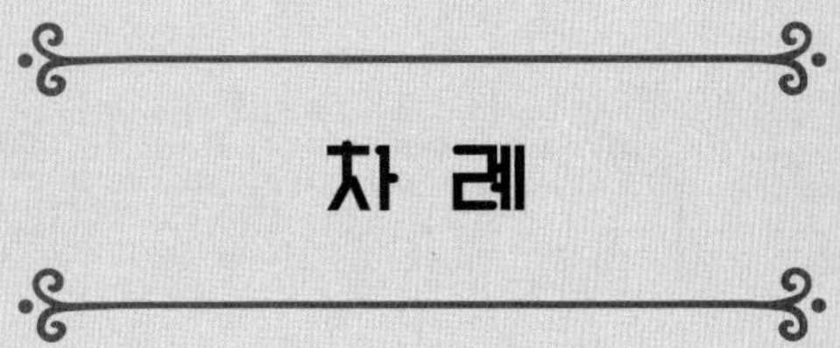

고양이 버스 이웃집 토토로 OST ⋯⋯⋯⋯⋯⋯⋯⋯⋯⋯⋯⋯⋯⋯⋯⋯⋯⋯⋯ 4

나우시카 레퀴엠 바람계곡의 나우시카 OST ⋯⋯⋯⋯⋯⋯⋯⋯⋯⋯⋯⋯ 6

너를 태우고 천공의 성 라퓨타 OST ⋯⋯⋯⋯⋯⋯⋯⋯⋯⋯⋯⋯⋯⋯⋯ 8

다정함에 감싸 안기면 마녀 배달부 키키 OST ⋯⋯⋯⋯⋯⋯⋯⋯⋯⋯ 10

돌아갈 수 없는 날들 붉은 돼지 OST ⋯⋯⋯⋯⋯⋯⋯⋯⋯⋯⋯⋯⋯⋯ 14

또 다시 센과 치히로의 행방불명 OST ⋯⋯⋯⋯⋯⋯⋯⋯⋯⋯⋯⋯⋯ 16

루즈의 전언 마녀 배달부 키키 OST ⋯⋯⋯⋯⋯⋯⋯⋯⋯⋯⋯⋯⋯⋯ 18

마법의 온기 마녀 배달부 키키 OST ⋯⋯⋯⋯⋯⋯⋯⋯⋯⋯⋯⋯⋯⋯ 21

모노노케 히메 모노노케 히메 OST ⋯⋯⋯⋯⋯⋯⋯⋯⋯⋯⋯⋯⋯⋯⋯ 24

바다가 보이는 마을 마녀 배달부 키키 OST ⋯⋯⋯⋯⋯⋯⋯⋯⋯⋯ 26

바람이 되어 고양이의 보은 OST ⋯⋯⋯⋯⋯⋯⋯⋯⋯⋯⋯⋯⋯⋯⋯ 28

바람이 지나가는 길 이웃집 토토로 OST ⋯⋯⋯⋯⋯⋯⋯⋯⋯⋯⋯⋯ 32

벼랑 위의 포뇨 벼랑 위의 포뇨 OST ⋯⋯⋯⋯⋯⋯⋯⋯⋯⋯⋯⋯⋯⋯ 35

사랑은 꽃, 그대는 그 씨앗 추억은 방울방울 OST ⋯⋯⋯⋯⋯⋯⋯ 38

산책 이웃집 토토로 OST ⋯⋯⋯⋯⋯⋯⋯⋯⋯⋯⋯⋯⋯⋯⋯⋯⋯⋯ 41

생명의 기억 가구야 공주 이야기 OST ⋯⋯⋯⋯⋯⋯⋯⋯⋯⋯⋯⋯⋯ 44

세계의 약속 하울의 움직이는 성 OST ⋯⋯⋯⋯⋯⋯⋯⋯⋯⋯⋯⋯ 47

아리에티의 노래 마루 밑 아리에티 OST ⋯⋯⋯⋯⋯⋯⋯⋯⋯⋯⋯⋯ 50

아시타카와 산 모노노케 히메 OST ⋯⋯⋯⋯⋯⋯⋯⋯⋯⋯⋯⋯⋯⋯ 54

아시타카의 전설 모노노케 히메 OST ⋯⋯⋯⋯⋯⋯⋯⋯⋯⋯⋯⋯⋯ 56

언제나 몇 번이라도 센과 치히로의 행방불명 OST ⋯⋯⋯⋯⋯⋯⋯ 59

오월의 마을 이웃집 토토로 OST ⋯⋯⋯⋯⋯⋯⋯⋯⋯⋯⋯⋯⋯⋯⋯ 62

이별의 여름 코쿠리코 언덕에서 OST ⋯⋯⋯⋯⋯⋯⋯⋯⋯⋯⋯⋯⋯ 64

이웃집 토토로 이웃집 토토로 OST ⋯⋯⋯⋯⋯⋯⋯⋯⋯⋯⋯⋯⋯⋯ 67

인생의 회전목마 하울의 움직이는 성 OST ⋯⋯⋯⋯⋯⋯⋯⋯⋯⋯ 70

천공의 성 라퓨타 천공의 성 라퓨타 OST ⋯⋯⋯⋯⋯⋯⋯⋯⋯⋯⋯ 74

체리가 익어갈 무렵 붉은 돼지 OST ⋯⋯⋯⋯⋯⋯⋯⋯⋯⋯⋯⋯⋯ 78

컨트리 로드 귀를 귀울이면 OST ⋯⋯⋯⋯⋯⋯⋯⋯⋯⋯⋯⋯⋯⋯⋯ 80

하루의 추억 고양이의 보은 OST ⋯⋯⋯⋯⋯⋯⋯⋯⋯⋯⋯⋯⋯⋯⋯ 84

고양이 버스

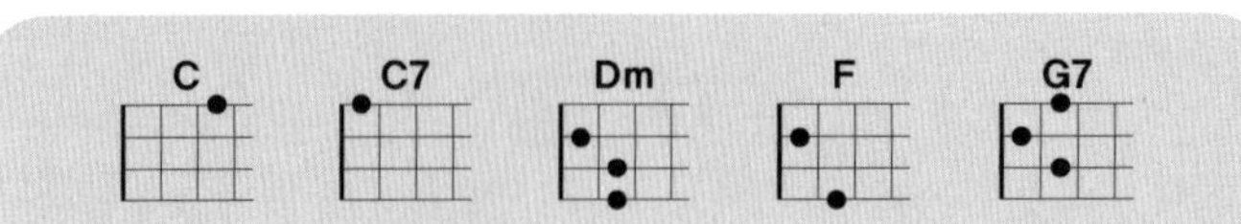

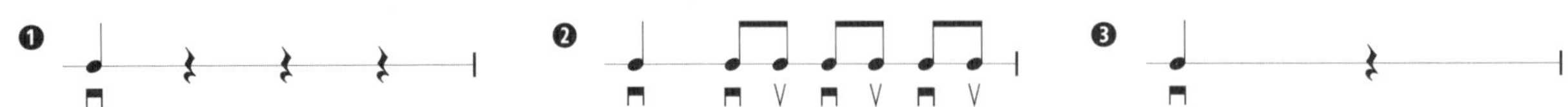

솔(G)이 낮은 음정에서 나오는 줄로 연주할 수 있는 음정의 폭이 넓어져 다양한 음역대의 음정이 나오는 곡에 사용하기 좋습니다.

Low G

❶로 연주 후 도돌이표로 돌아와 ❷로 연주합니다.

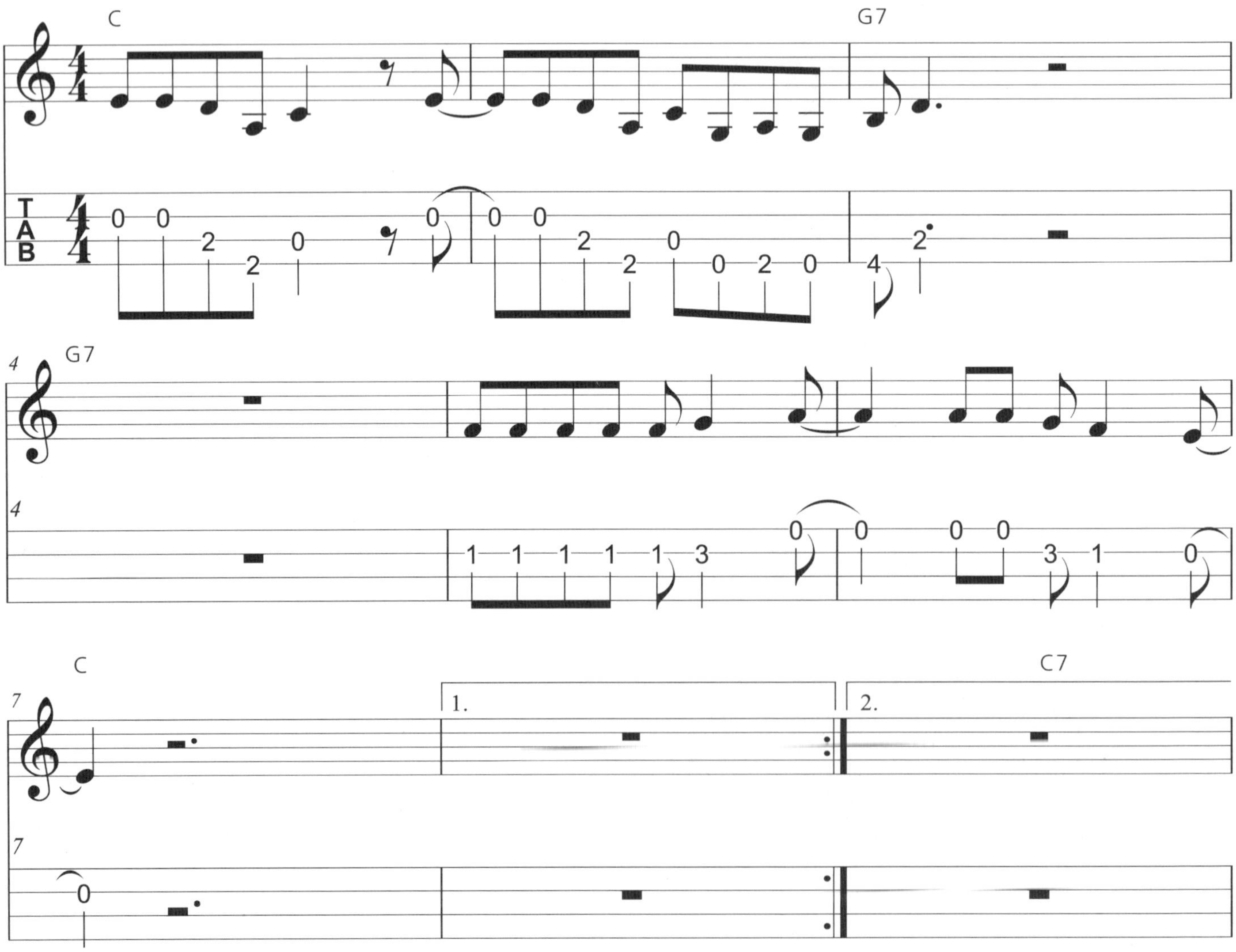

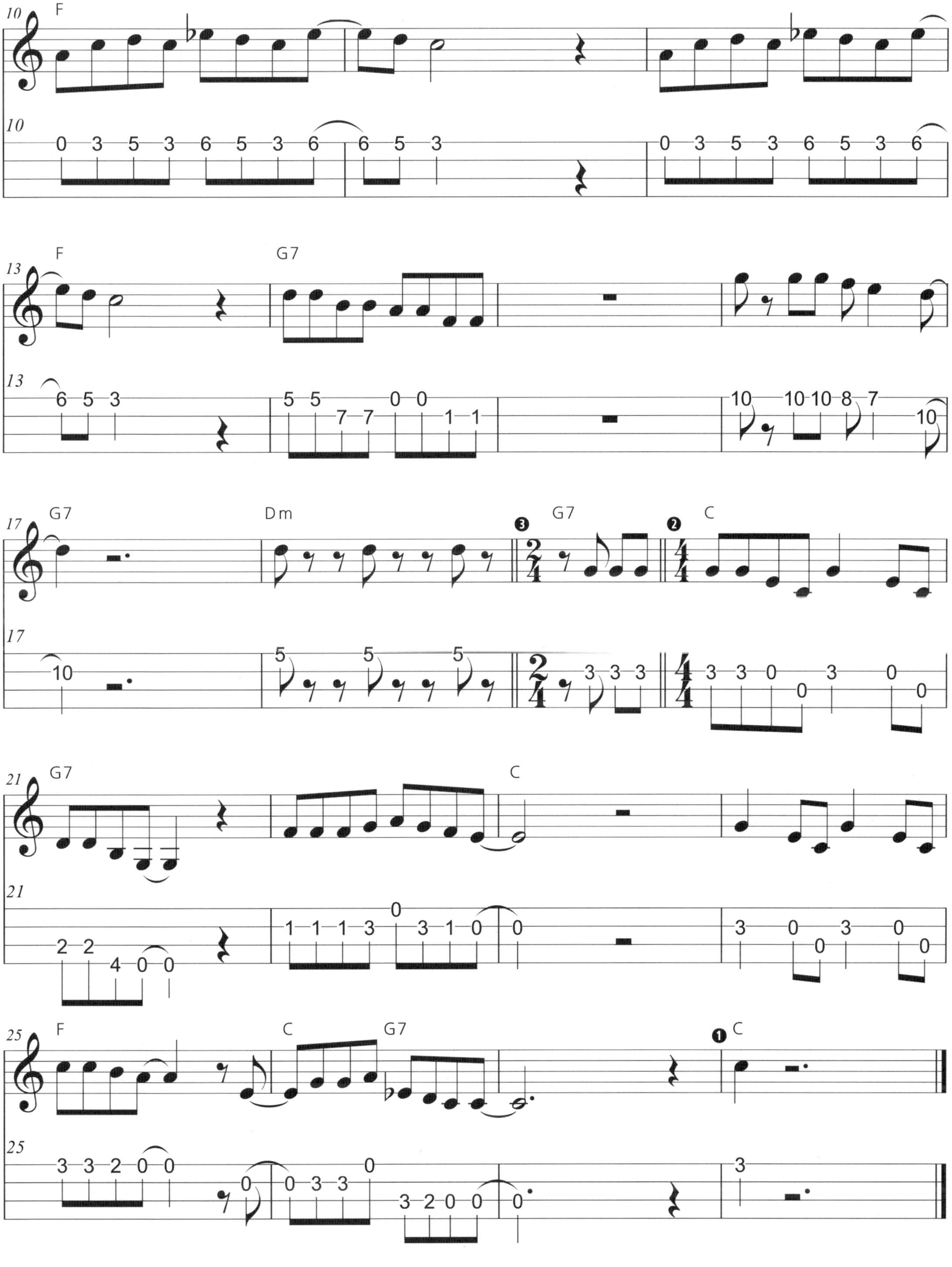
F
F
G7
G7
Dm
G7
C
G7
C
F
C
G7
C
10 13 17 21 25

나우시카 레퀴엠

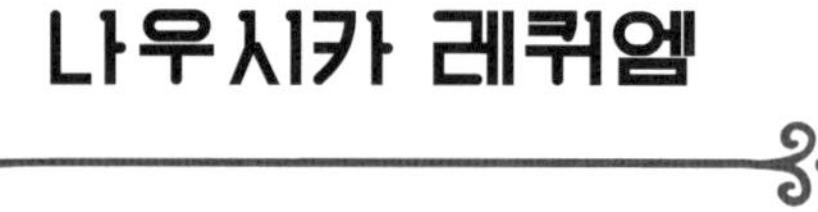

Hisaishi Joe 작곡

모범 연주

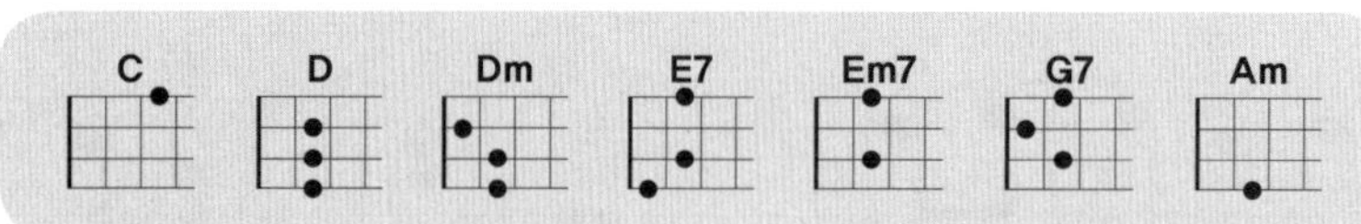

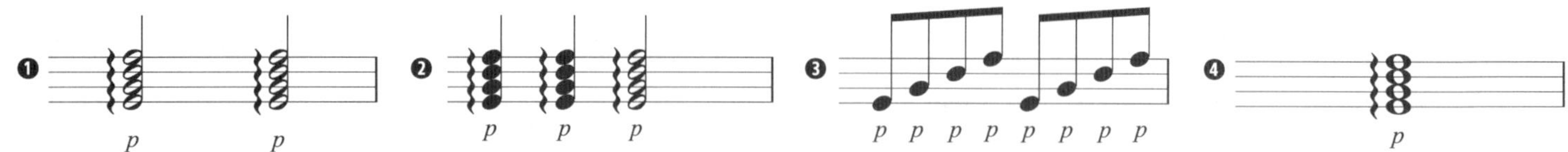

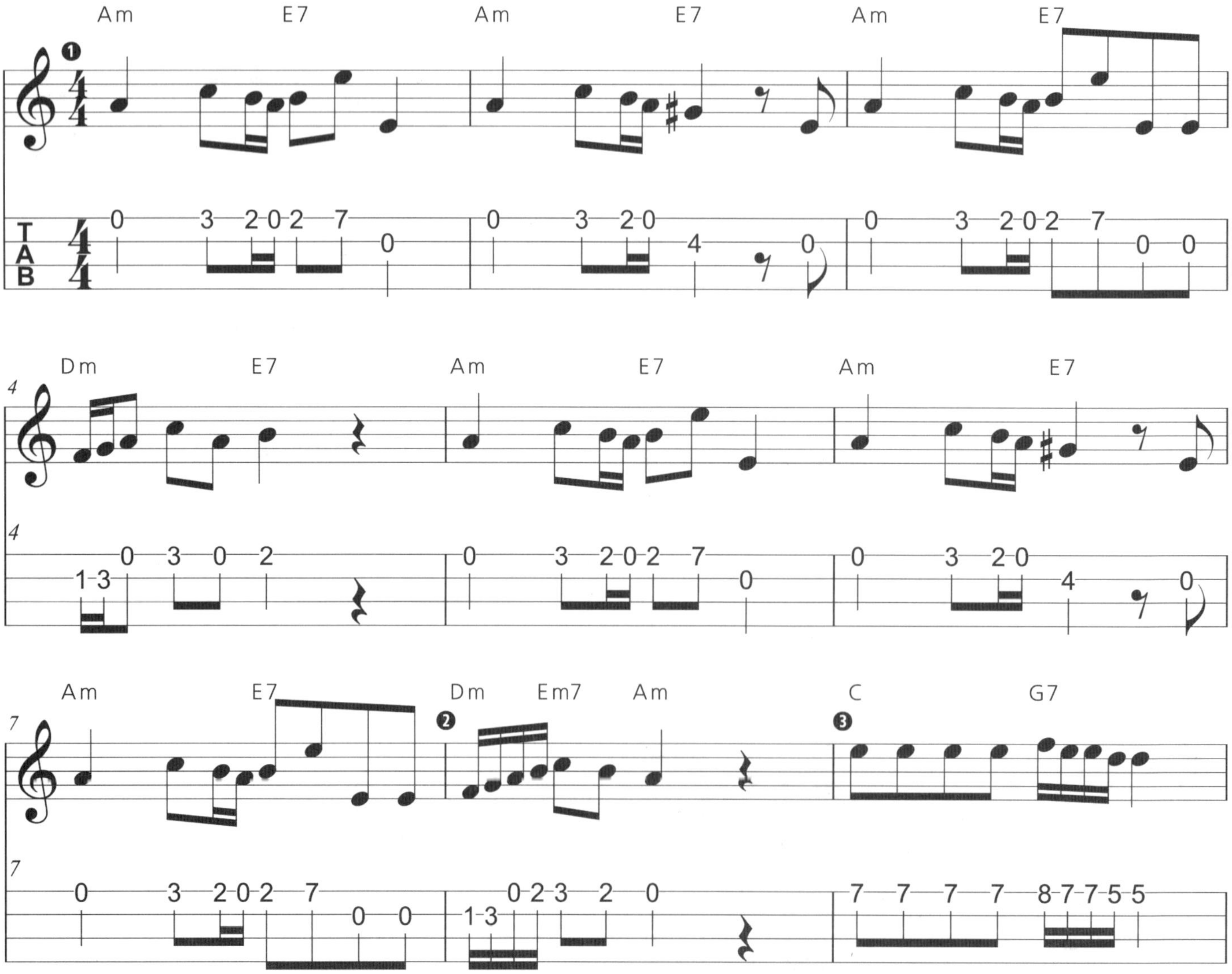

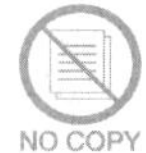

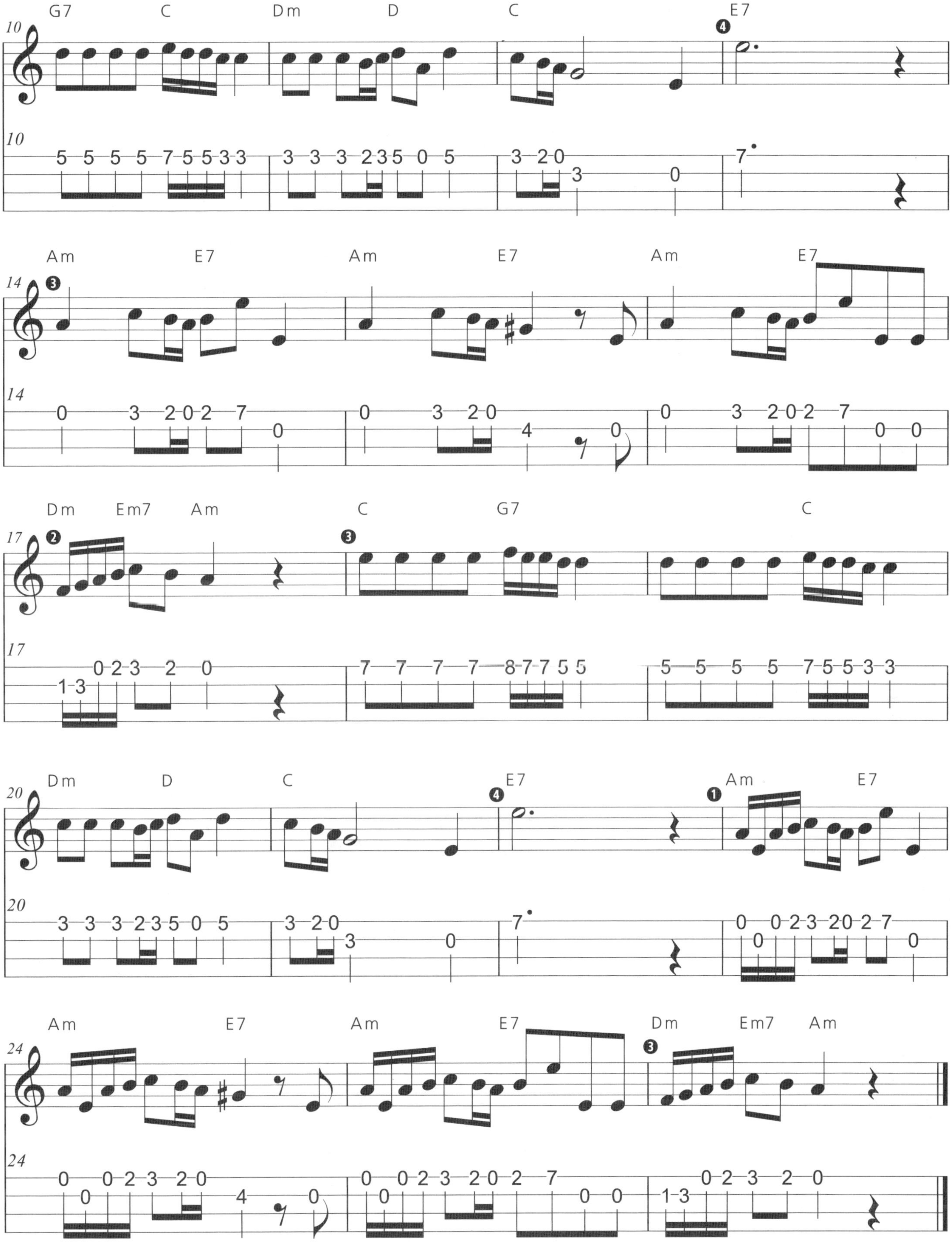
G7 C Dm D C E7
Am E7 Am E7 Am E7
Dm Em7 Am C G7 C
Dm D C E7 Am E7
Am E7 Am E7 Dm Em7 Am

너를 태우고

Hisaishi Joe, Miyazaki Hayao 작곡

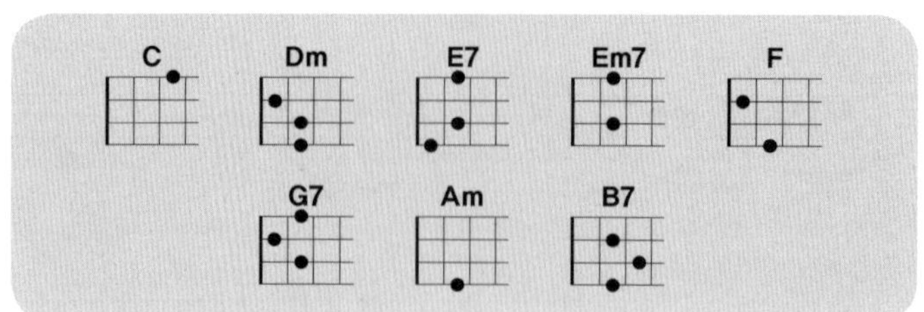

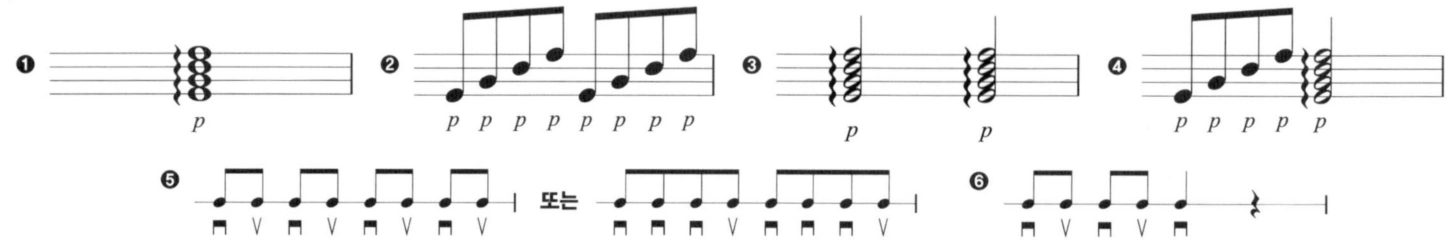

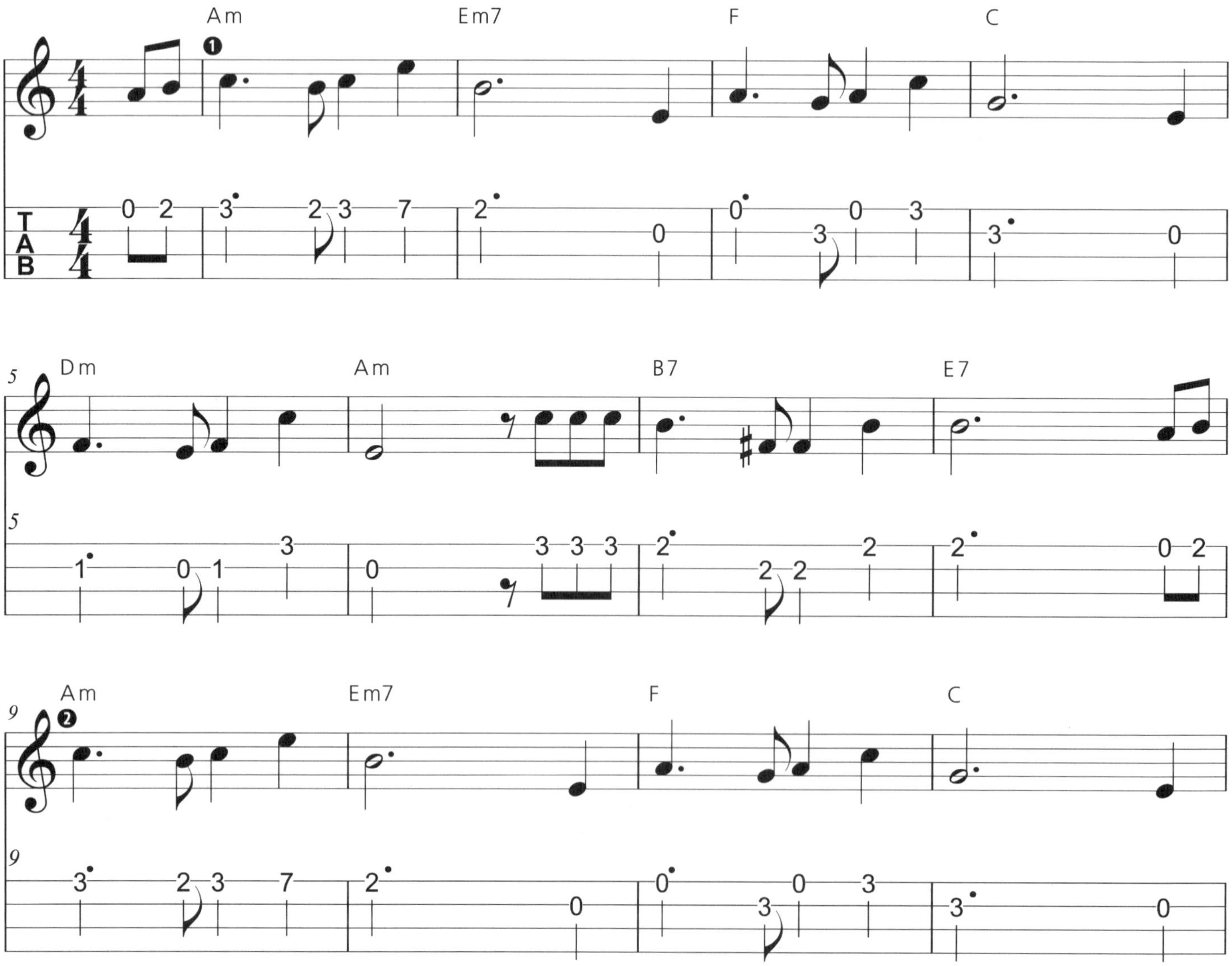

NO COPY

다정함에 감싸 안기면

Arai Yumi 작곡

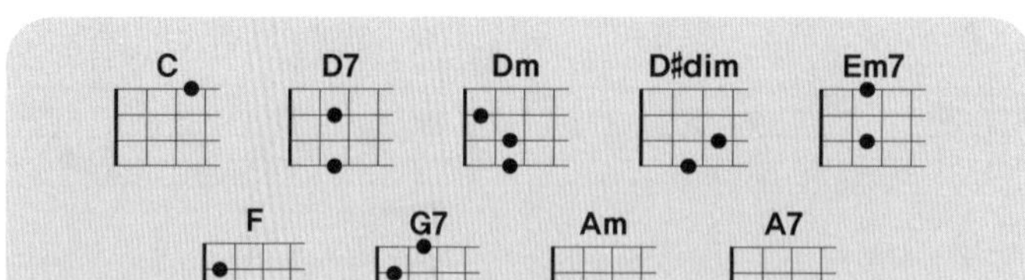

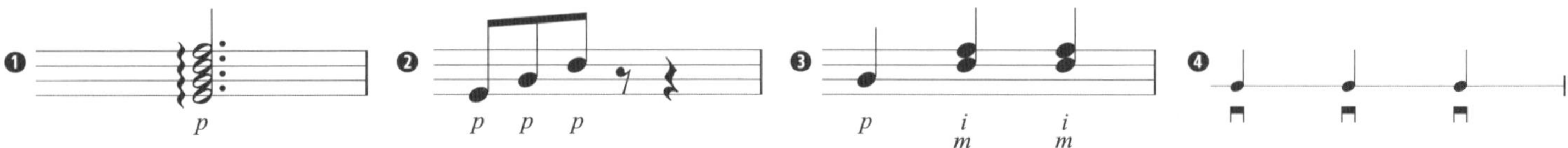

Low G

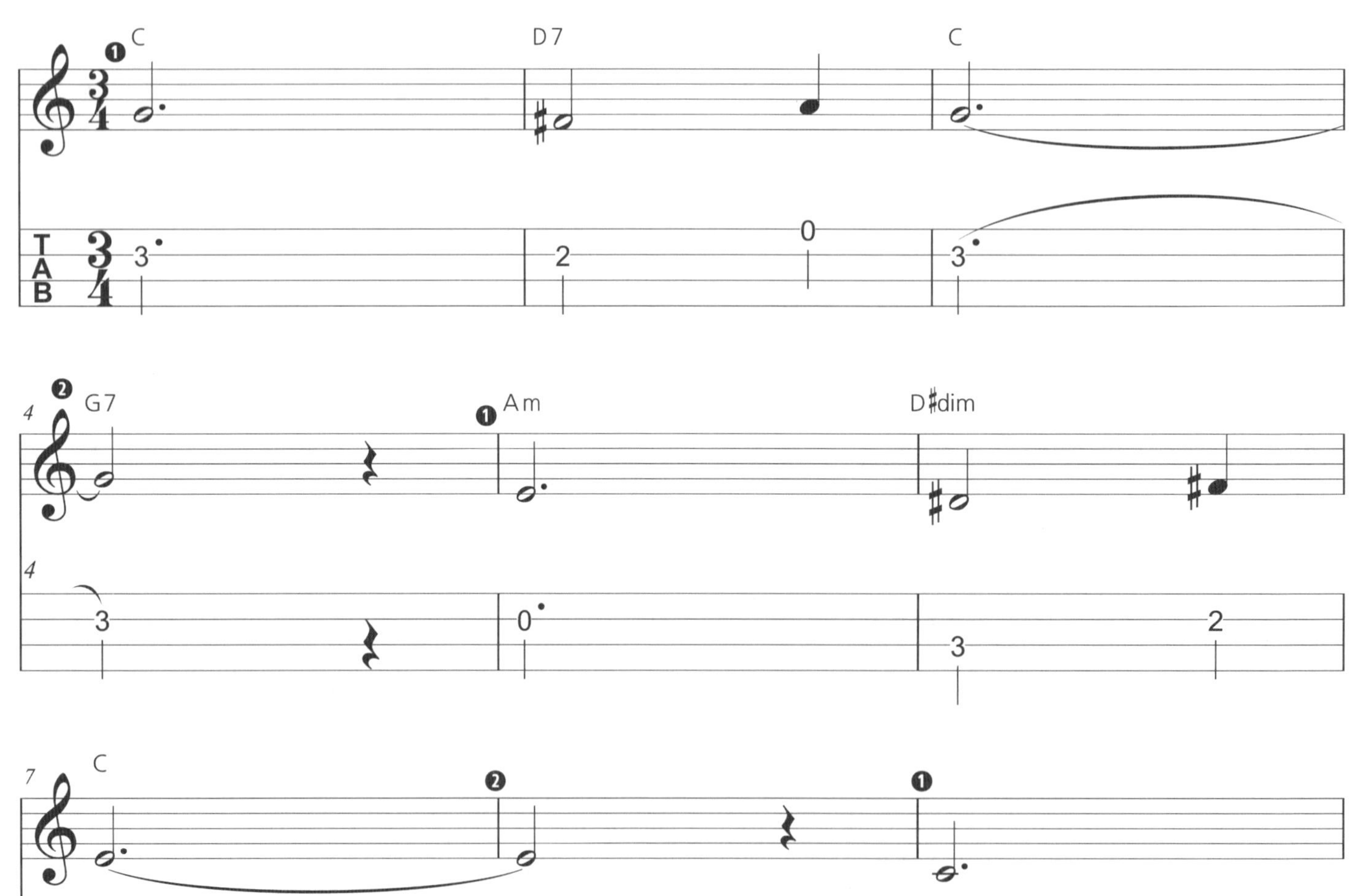

NO COPY

NO COPY

돌아갈 수 없는 날들

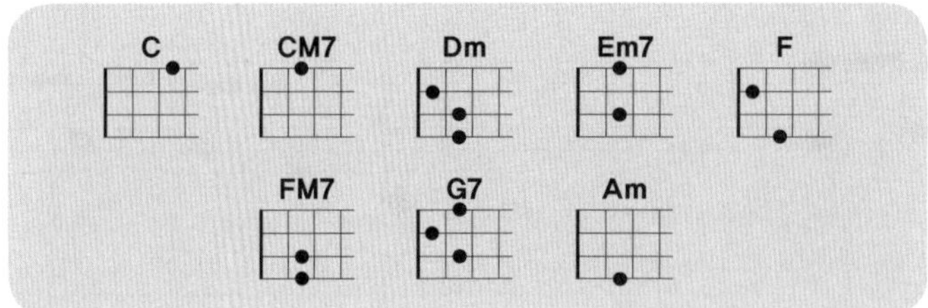

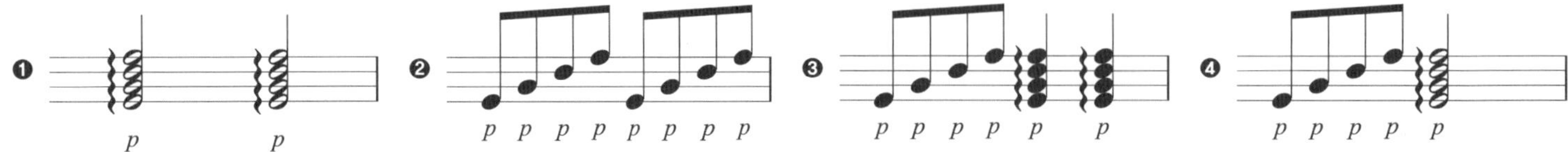

Low G

Dm
Em7
F
G7
FM7
C
FM7
C
Dm
Em7
Dm
C
FM7
G7
Em7
Am
Dm
G7
Em
A7
D7
G7
C
F
G7
C

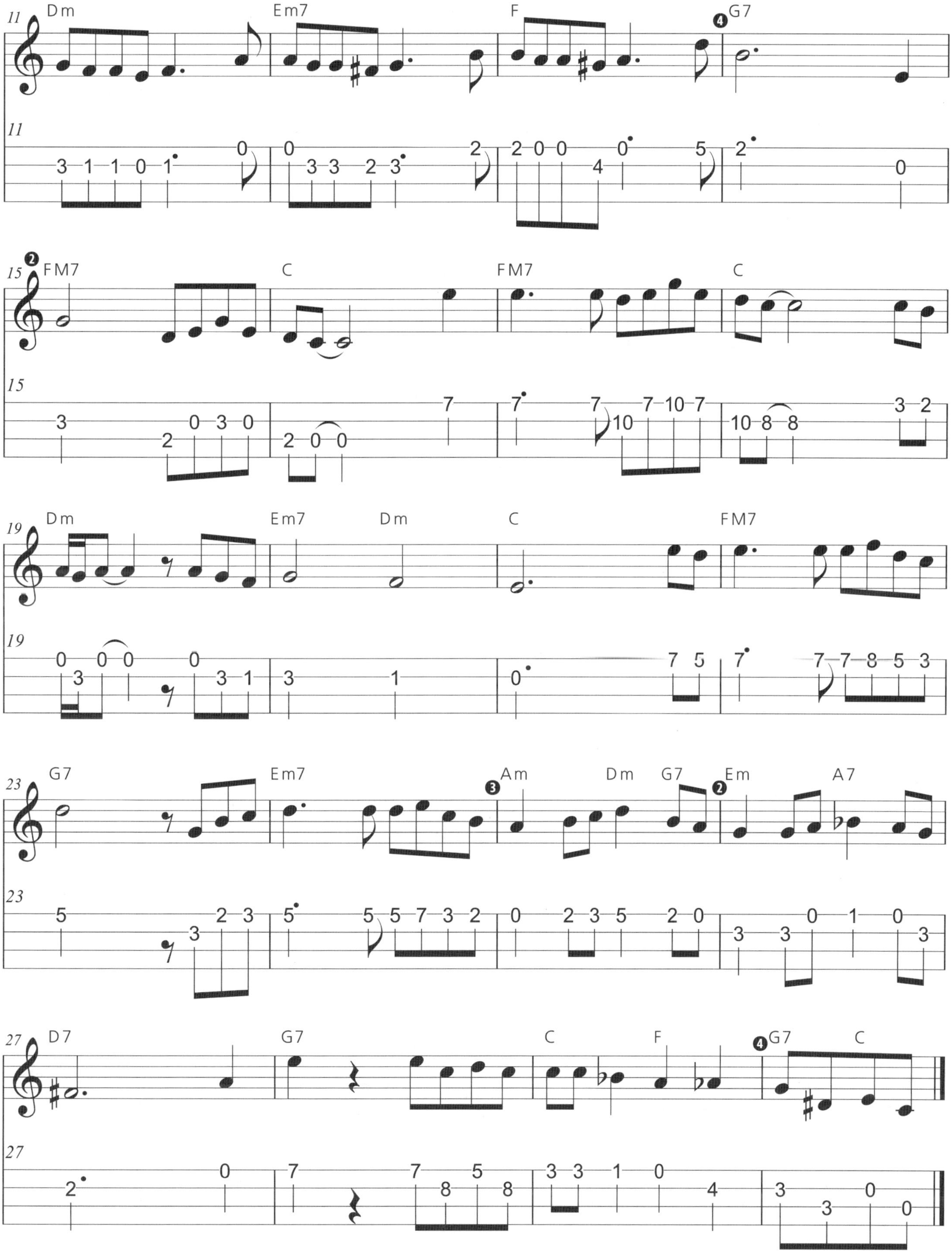

또 다시

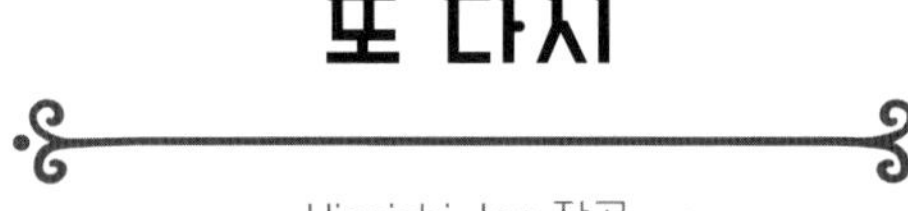

Hisaishi Joe 작곡

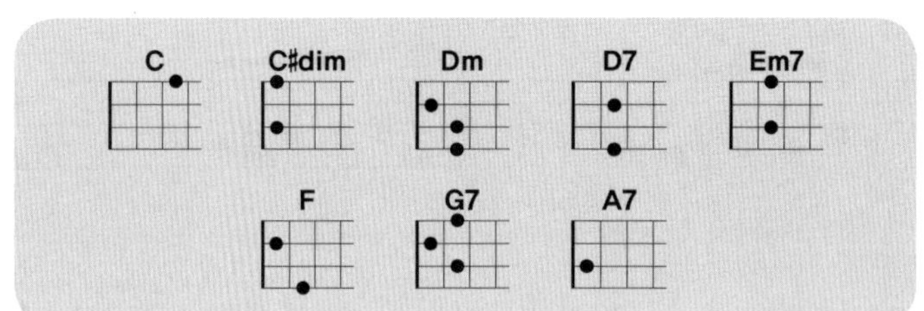

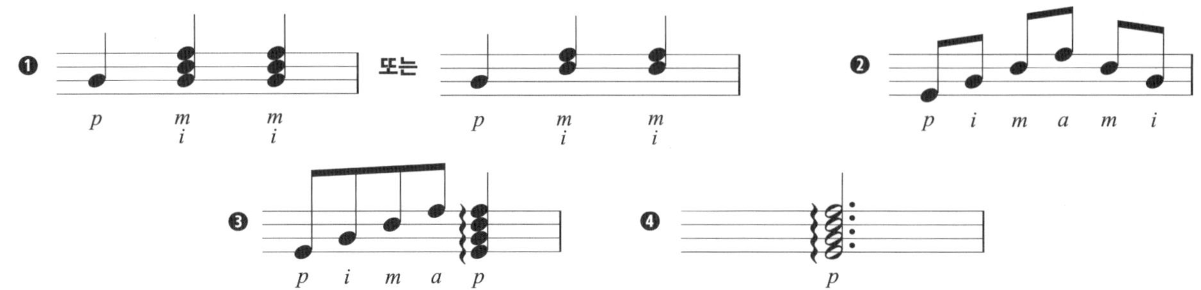

Low G

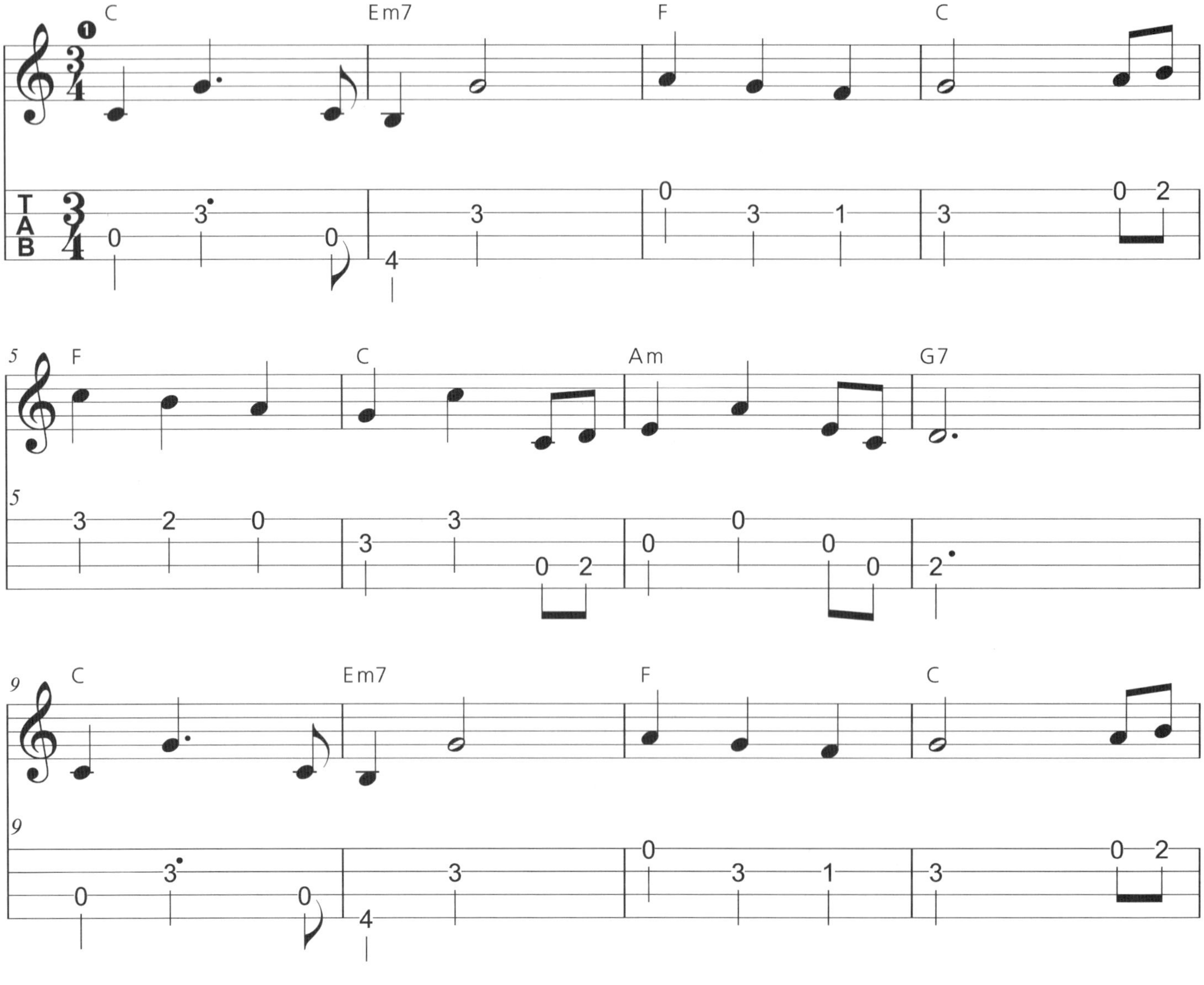

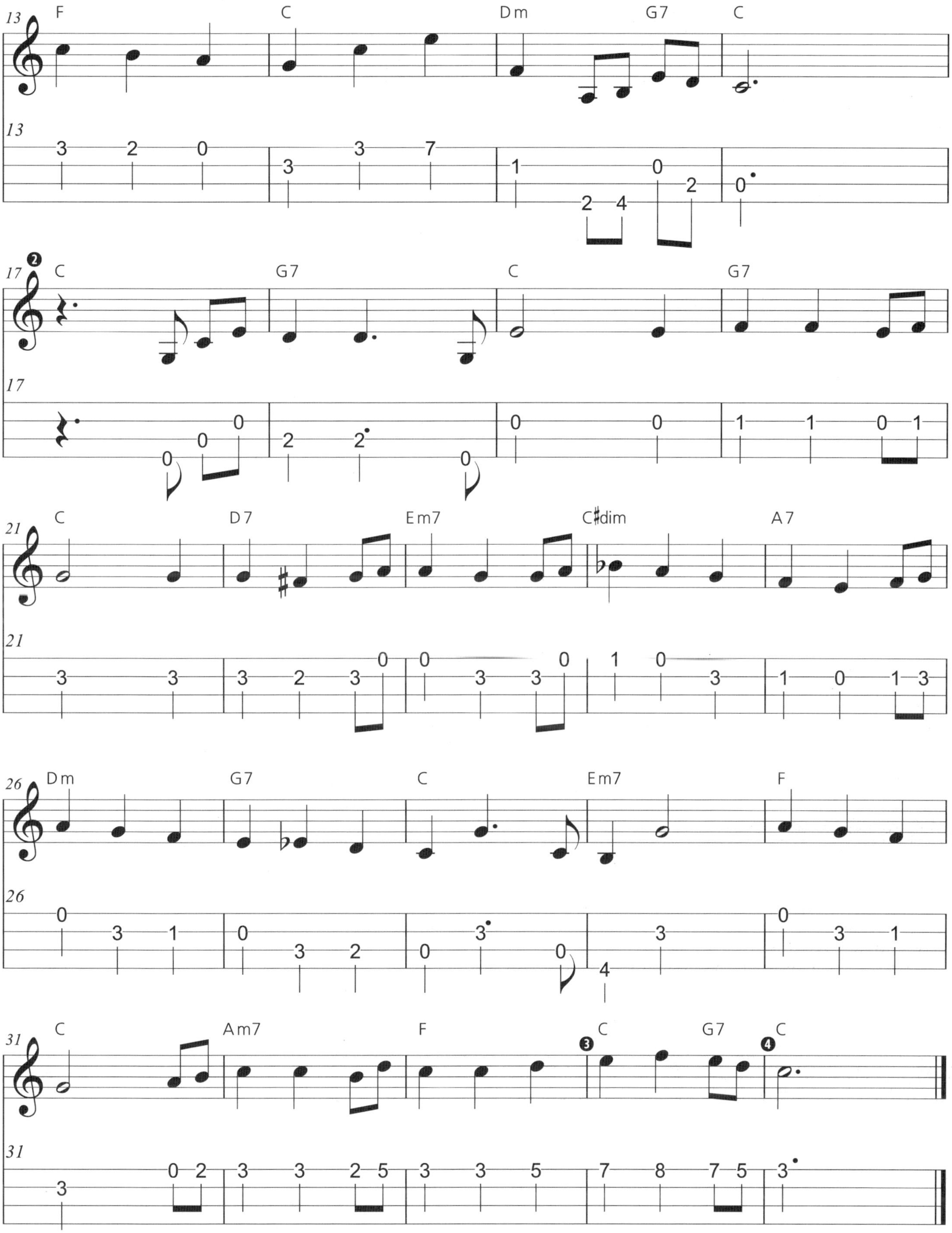
F
C
Dm
G7
C
C
G7
C
G7
C
D7
Em7
C♯dim
A7
Dm
G7
C
Em7
F
C
Am7
F
C
G7
C

루즈의 전언

Arai Yumi 작곡

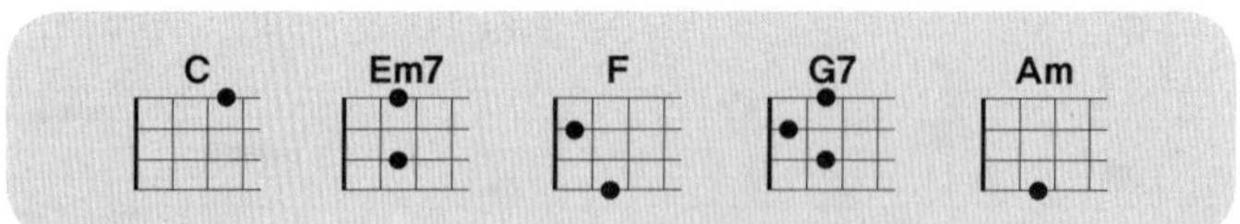

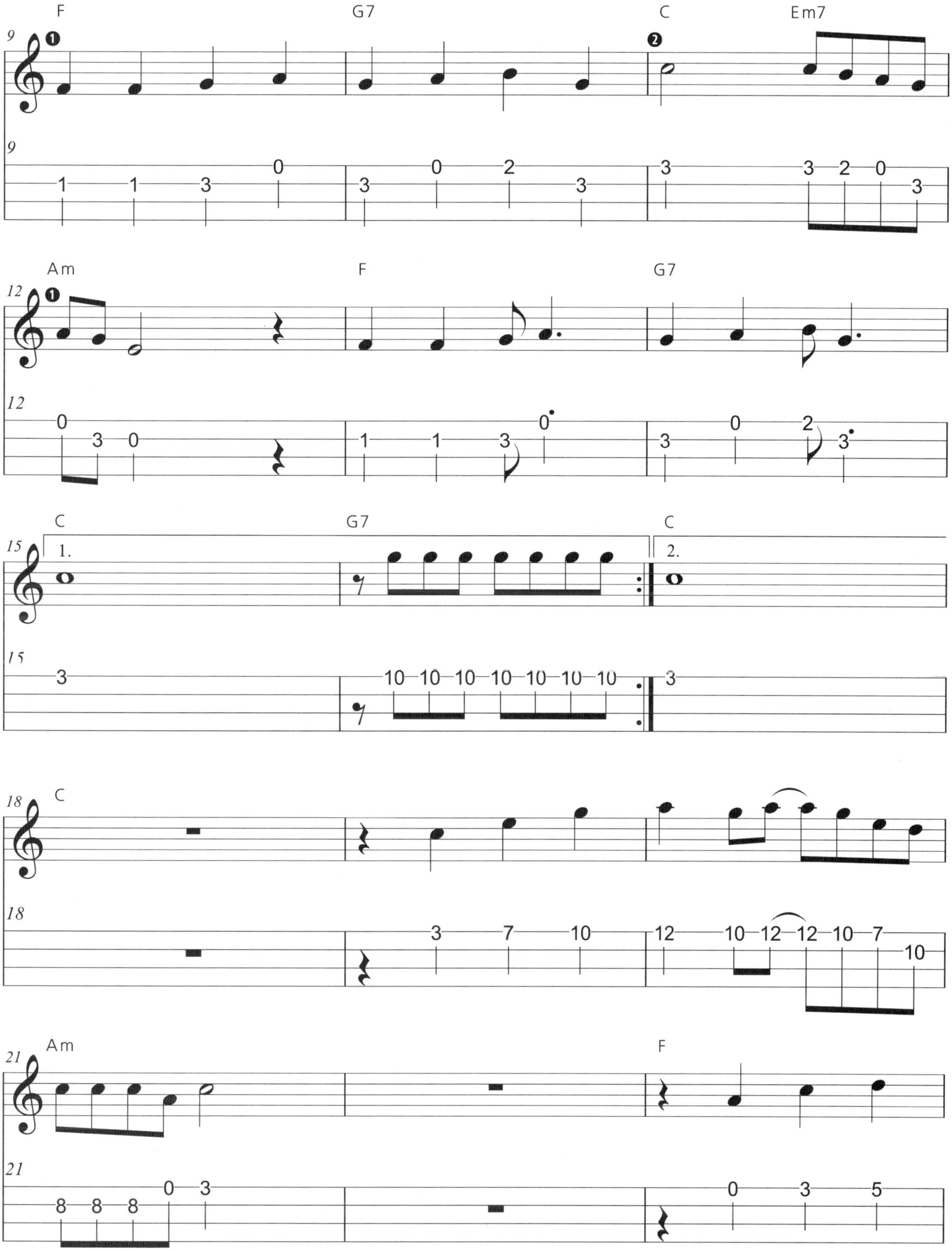
F
G7
C
Em7
Am
F
G7
C
1.
G7
C
2.
C
Am
F

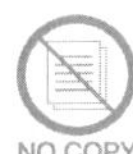

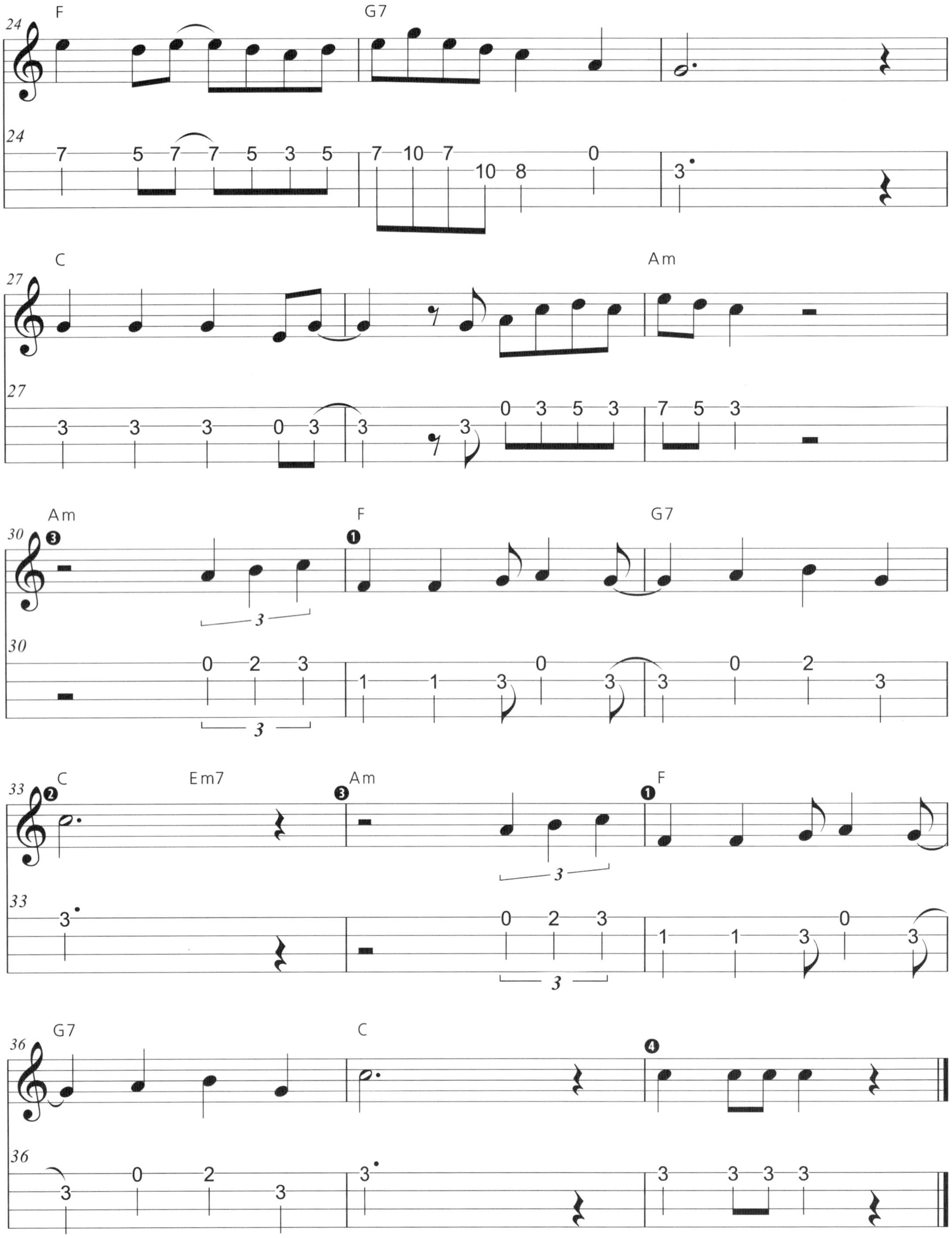
F
G7
C
Am
Am
F
G7
C
Em7
Am
F
G7
C

마법의 온기

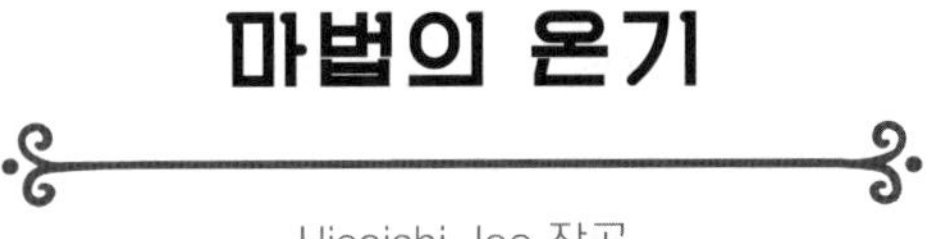

Hisaishi Joe 작곡

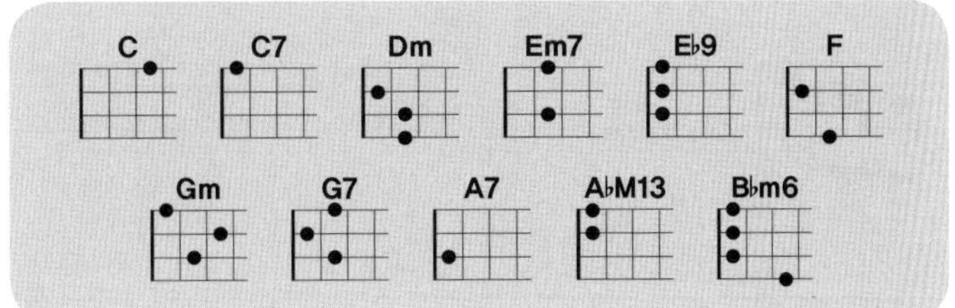

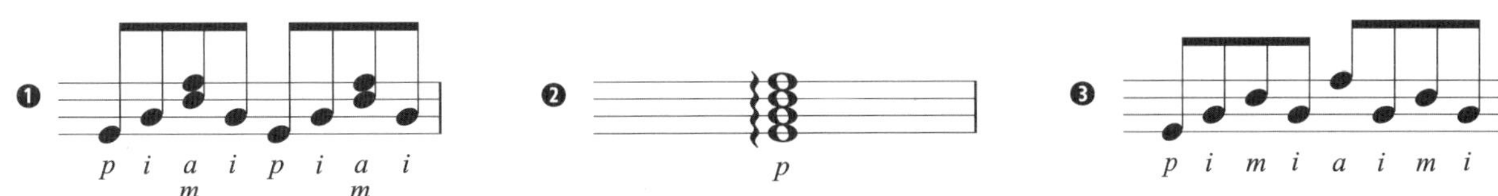

NO COPY

NO COPY

23
F
Dm
B♭m6
Eb9
AbM13
Dm
G7
C
Dm
G7
Em7
A7
Dm
G7
C

모노노케 히메

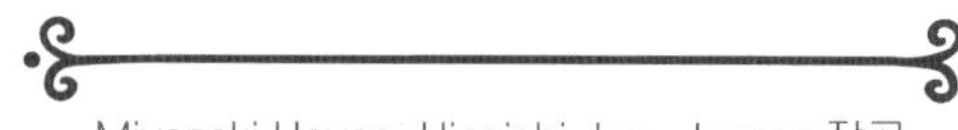

Miyazaki Hayao, Hisaishi Joe, Jasrac 작곡

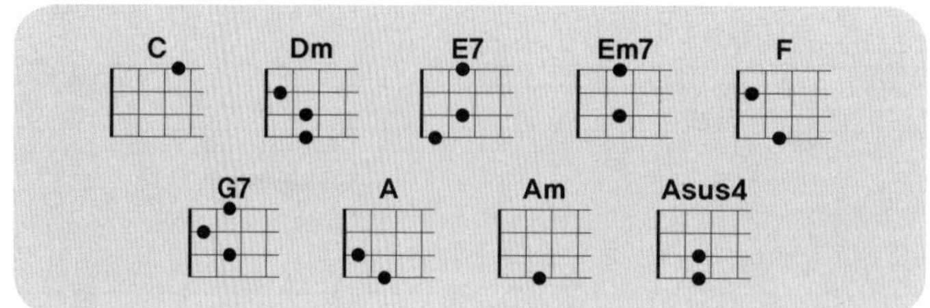

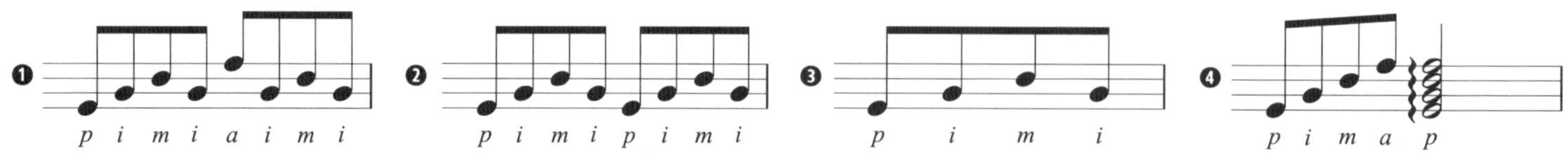

Low G

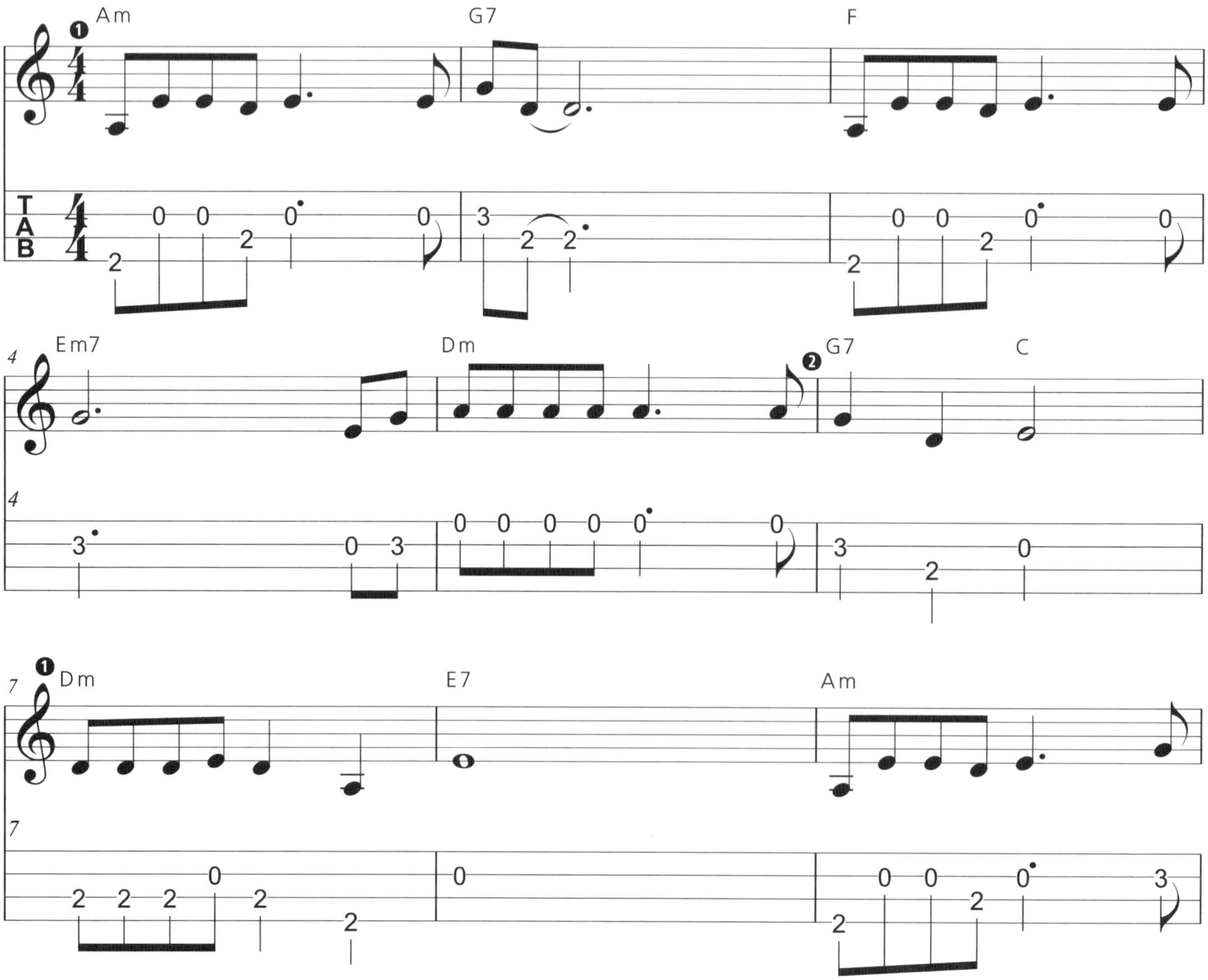

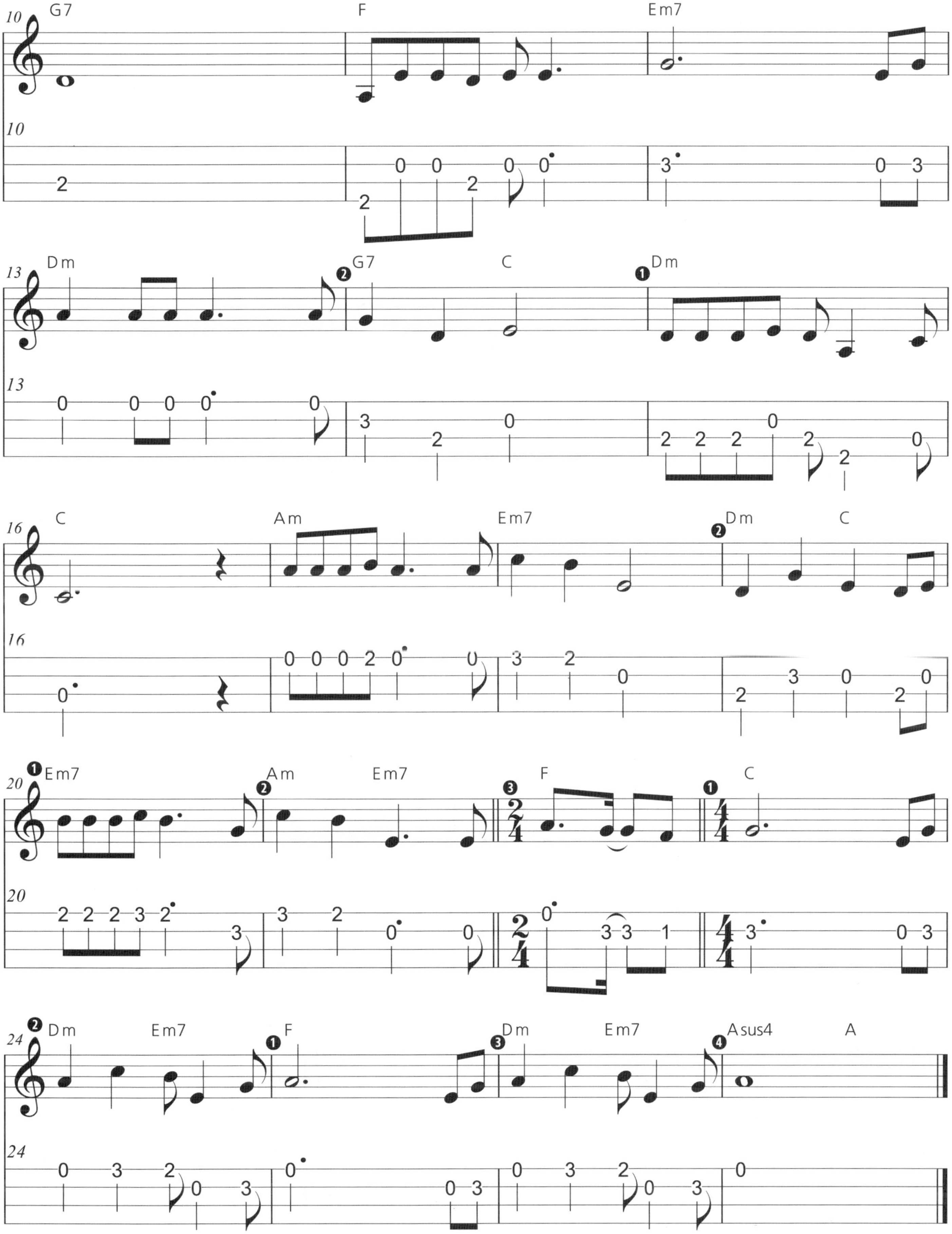
10
G7
F
Em7
13
Dm
G7
C
Dm
16
C
Am
Em7
Dm
C
20
Em7
Am
Em7
F
C
24
Dm
Em7
F
Dm
Em7
Asus4
A

'마녀 배달부 키키' OST

바다가 보이는 마을

모범 연주

Hisaishi Joe 작곡

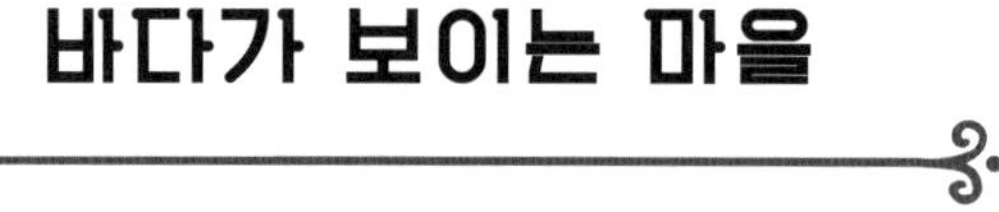

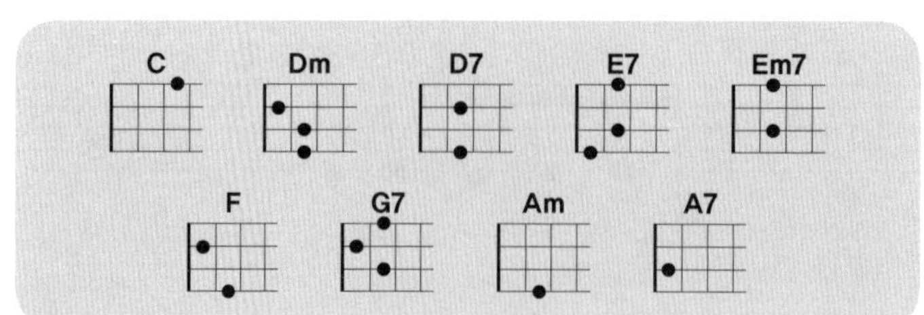

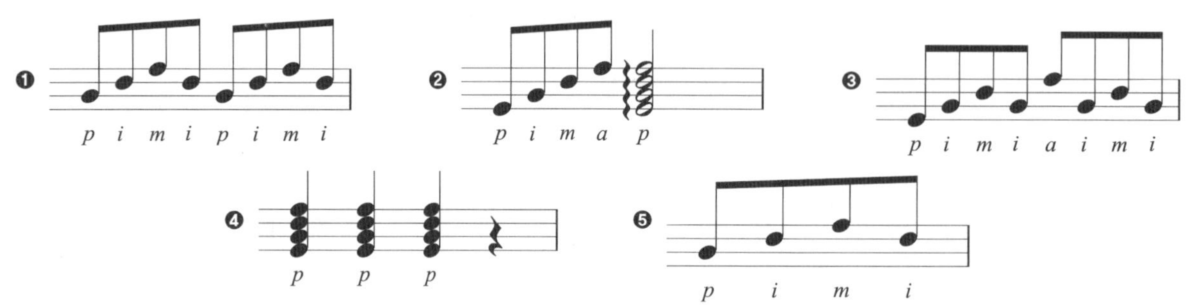

Low G

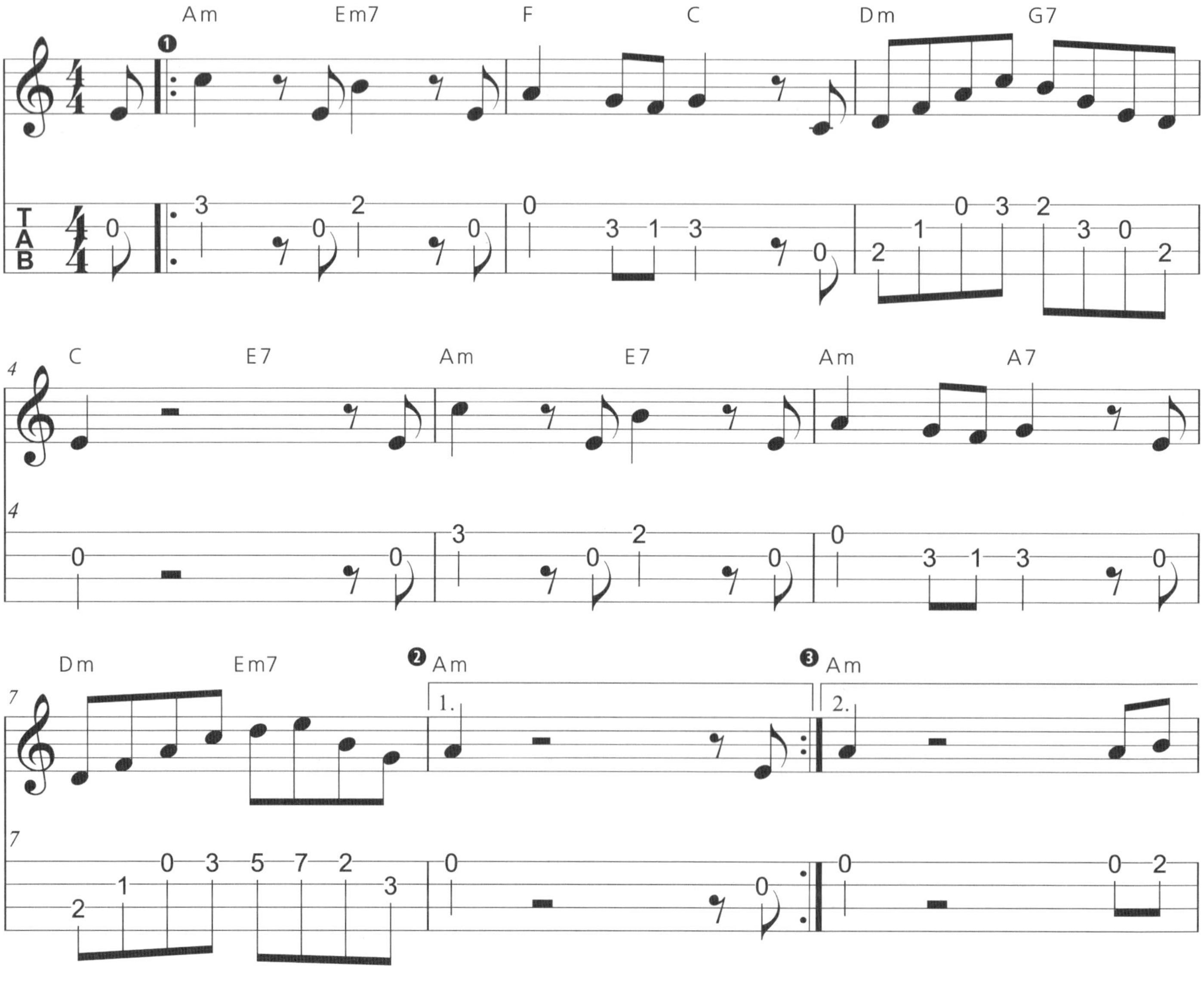

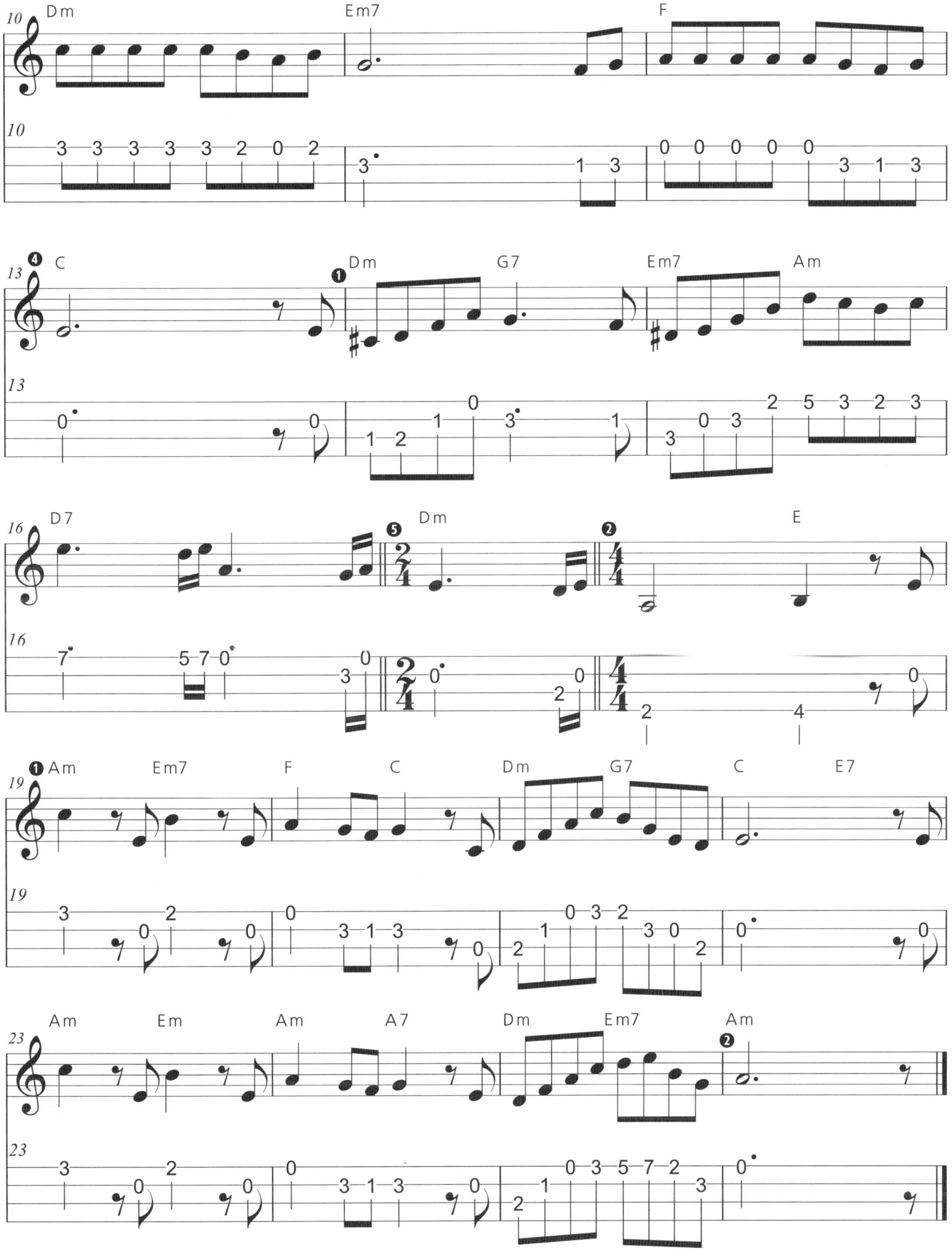
Dm
Em7
F
C
Dm
G7
Em7
Am
D7
Dm
E
Am
Em7
F
C
Dm
G7
C
E7
Am
Em
Am
A7
Dm
Em7
Am

바람이 되어

Tsuji Ayano, Jasrac 작곡

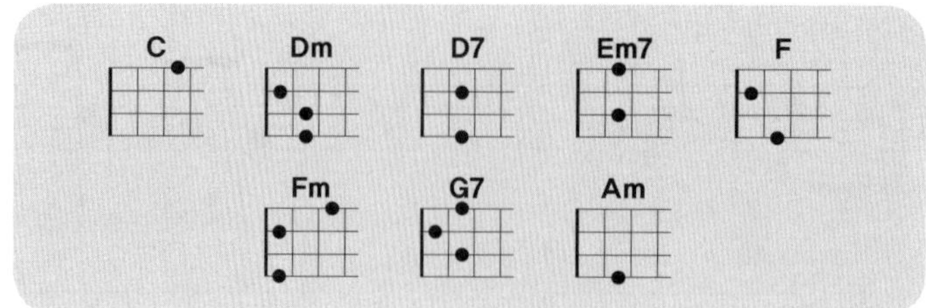

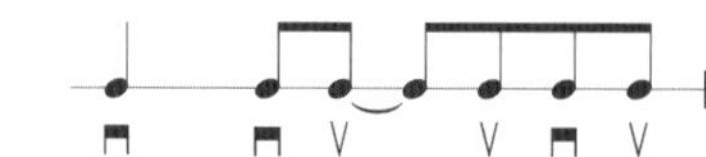

처음부터 끝까지 칼립소 리듬으로 연주합니다.

Low G

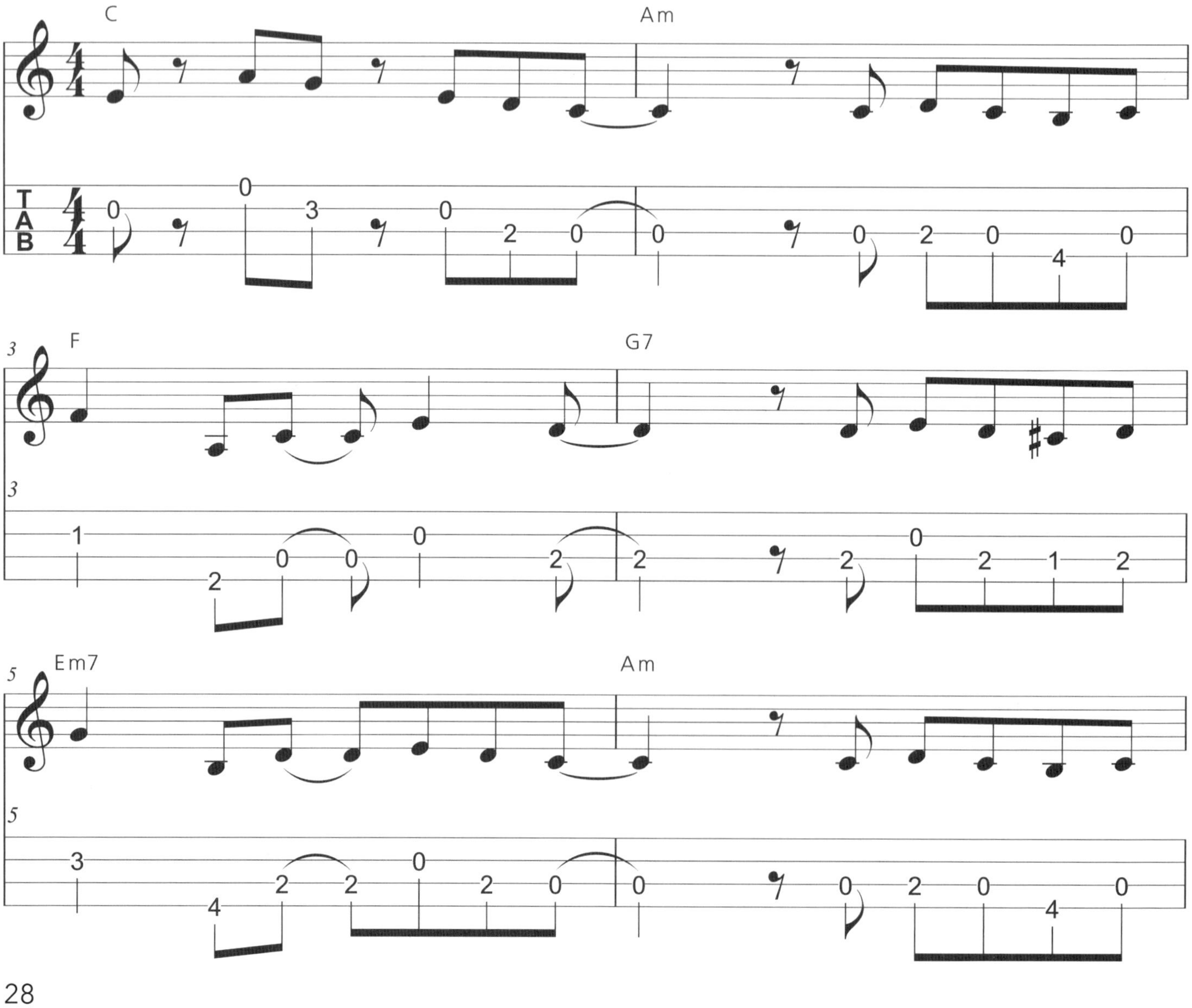

NO COPY

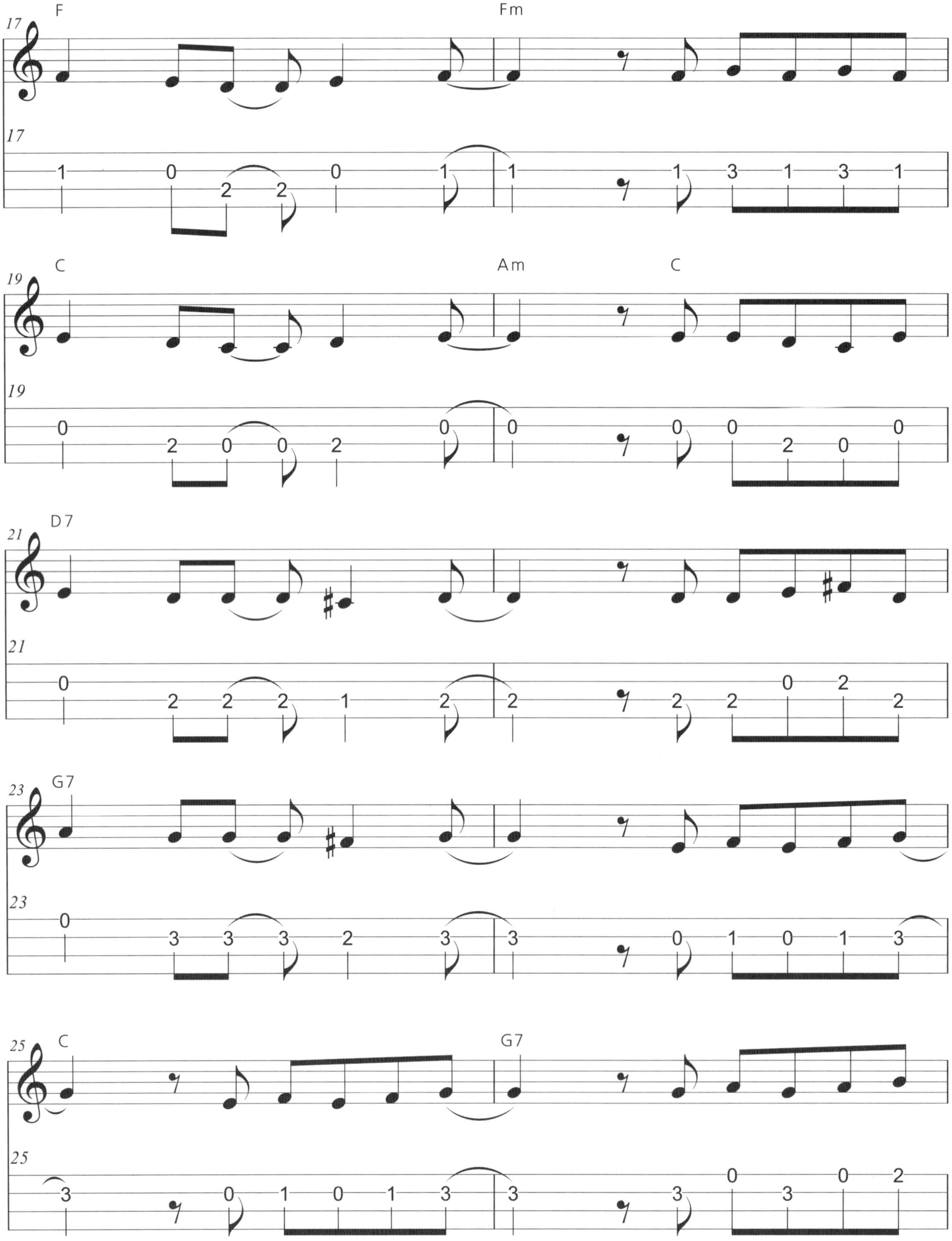
17
F
Fm
19
C
Am
C
21
D7
23
G7
25
C
G7

NO COPY

바람이 지나가는 길

Hisaishi Joe 작곡

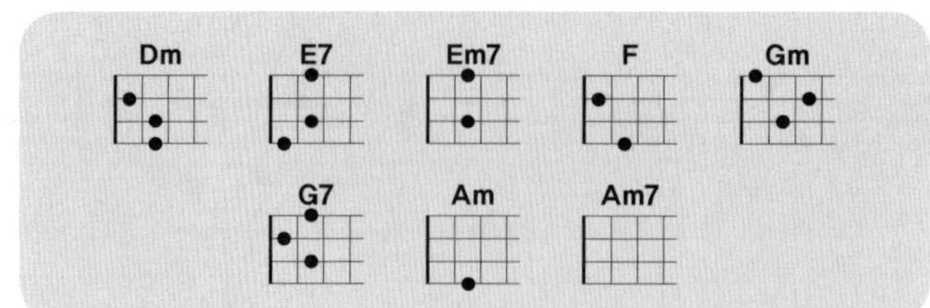

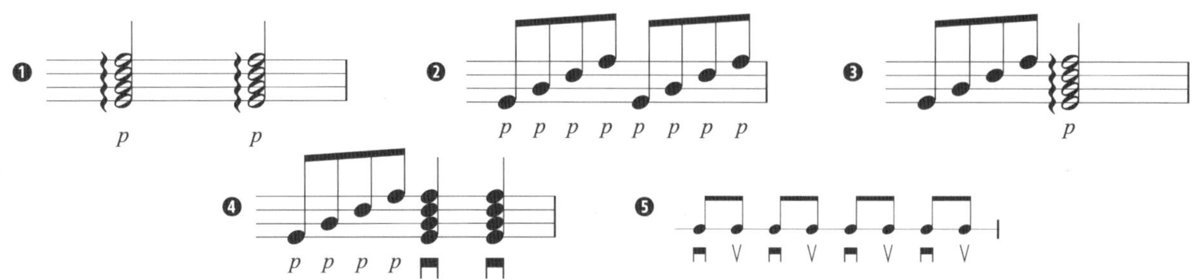

Low G

① F — Em7

Dm — E7

F — Em7

NO COPY

7
Dm   Em7   Am
9   F   Em7
11   Dm   E7
13   F   Em7
15   Dm   Em7   Am   Gm

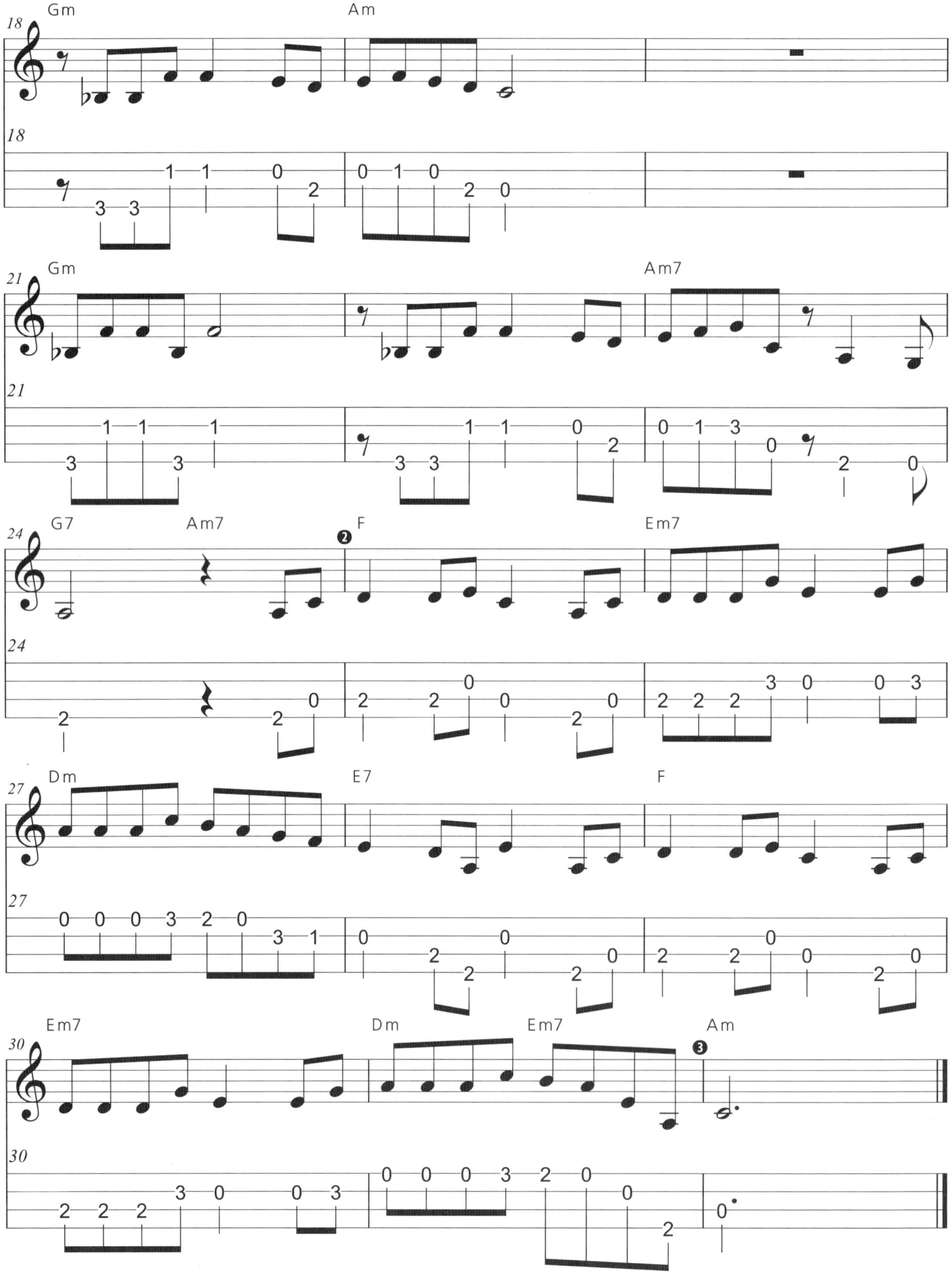
Gm
Am
Gm
Am7
G7
Am7
F
Em7
Dm
E7
F
Em7
Dm
Em7
Am

'벼랑 위의 포뇨' OST

벼랑 위의 포뇨

Hisaishi Joe 작곡

모범 연주

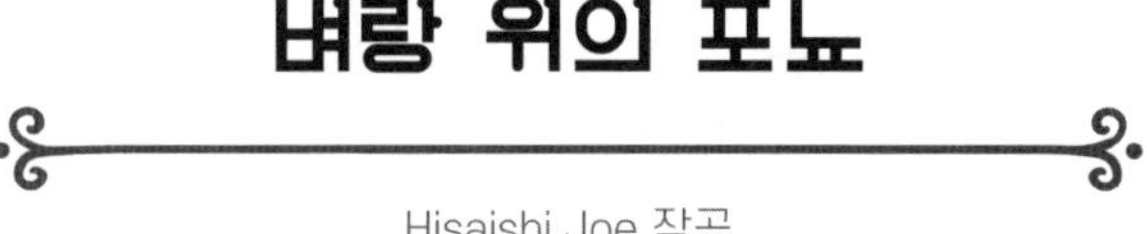

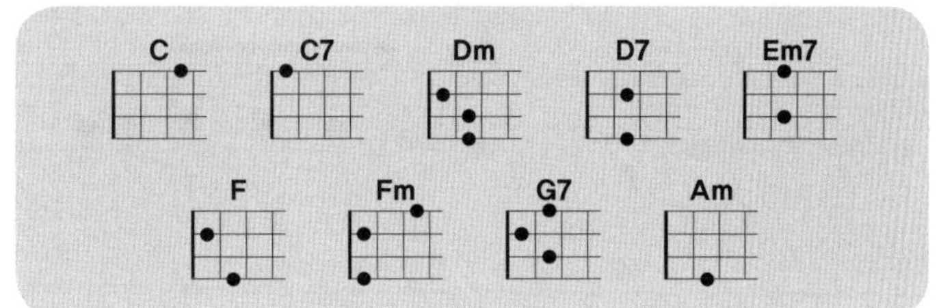

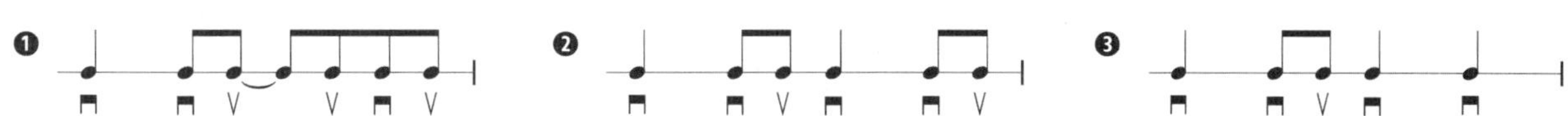

Low G

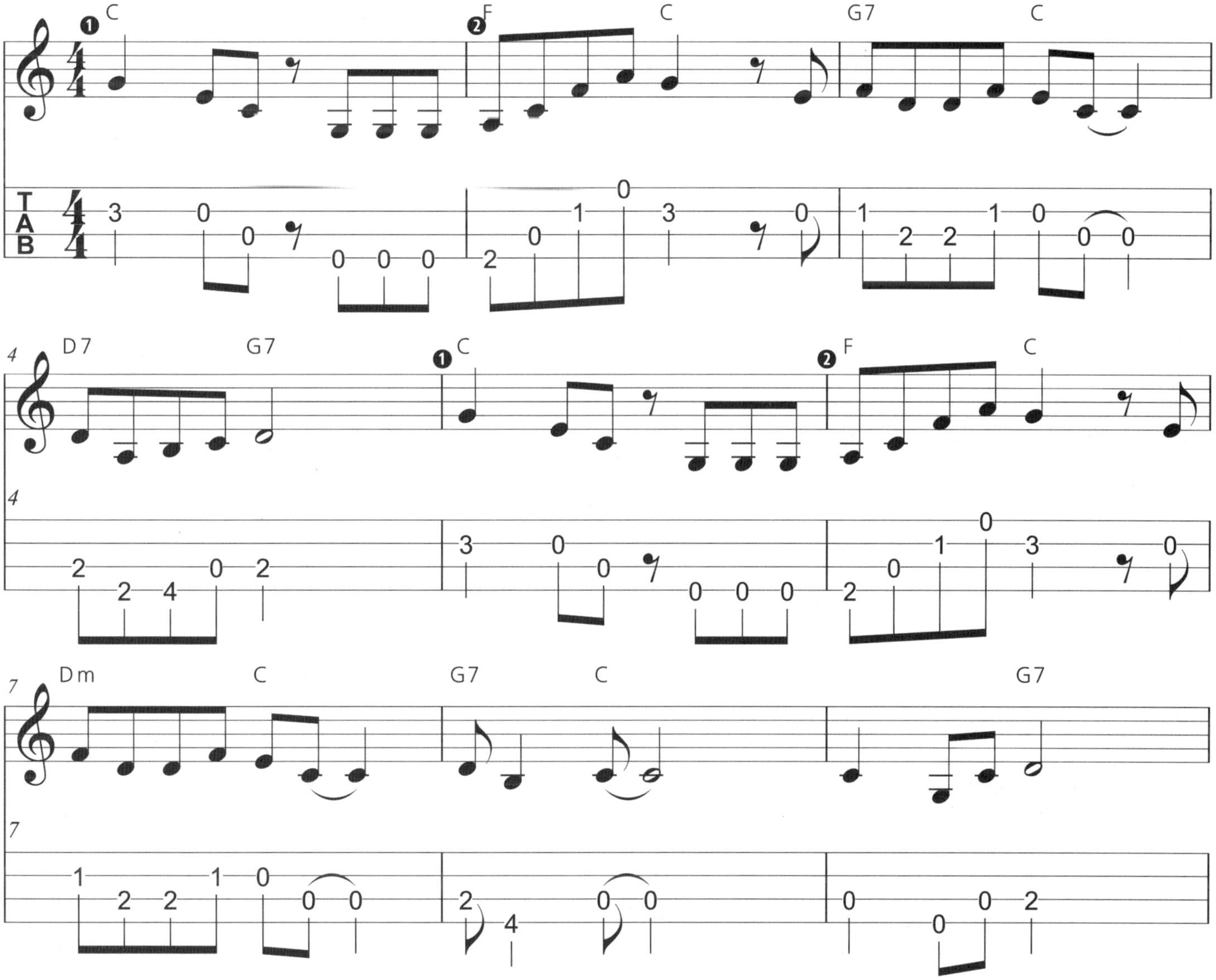

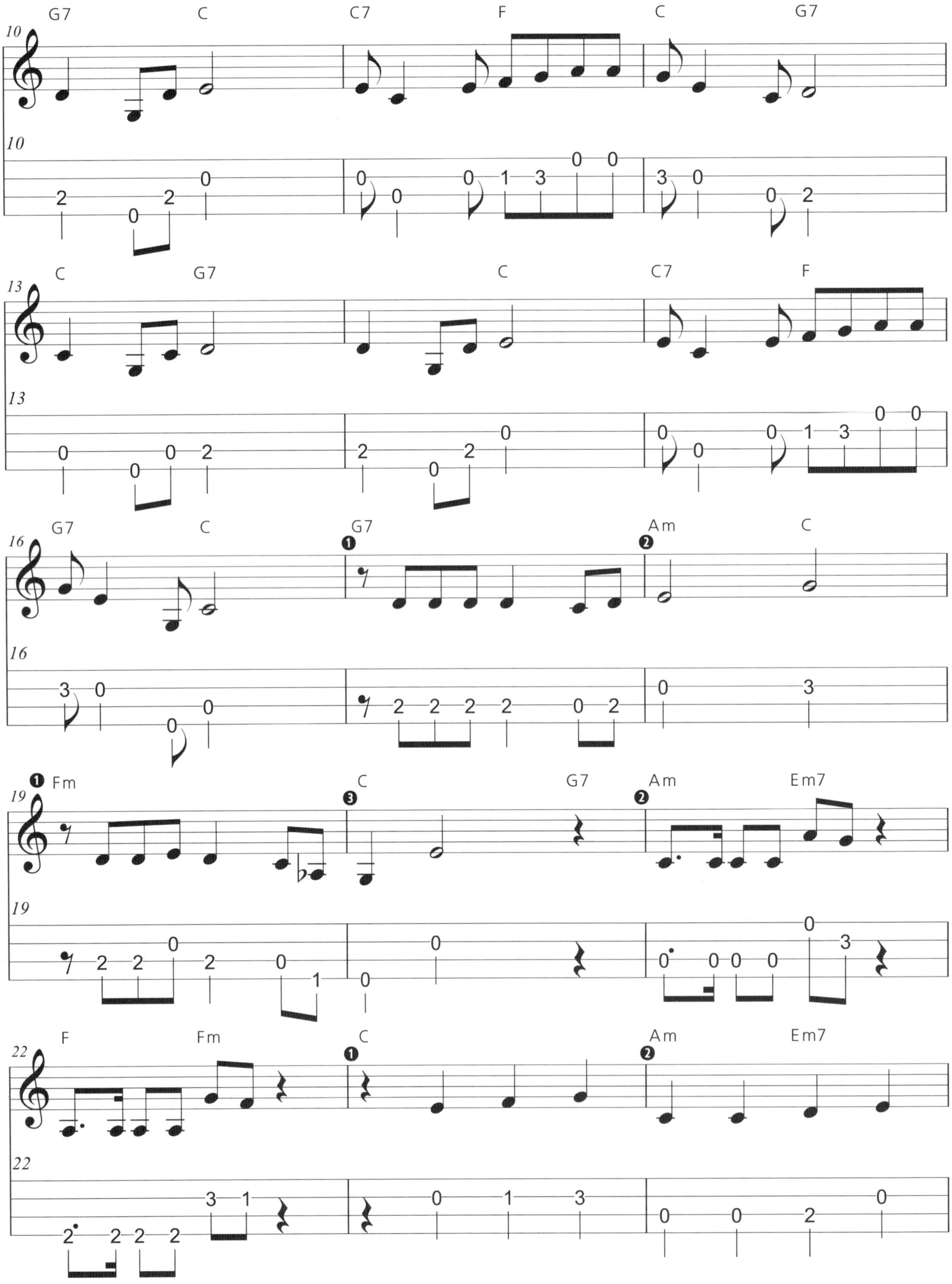
G7 C C7 F C G7
C G7 C C7 F
G7 C G7 Am C
Fm C G7 Am Em7
F Fm C Am Em7

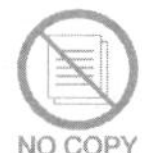

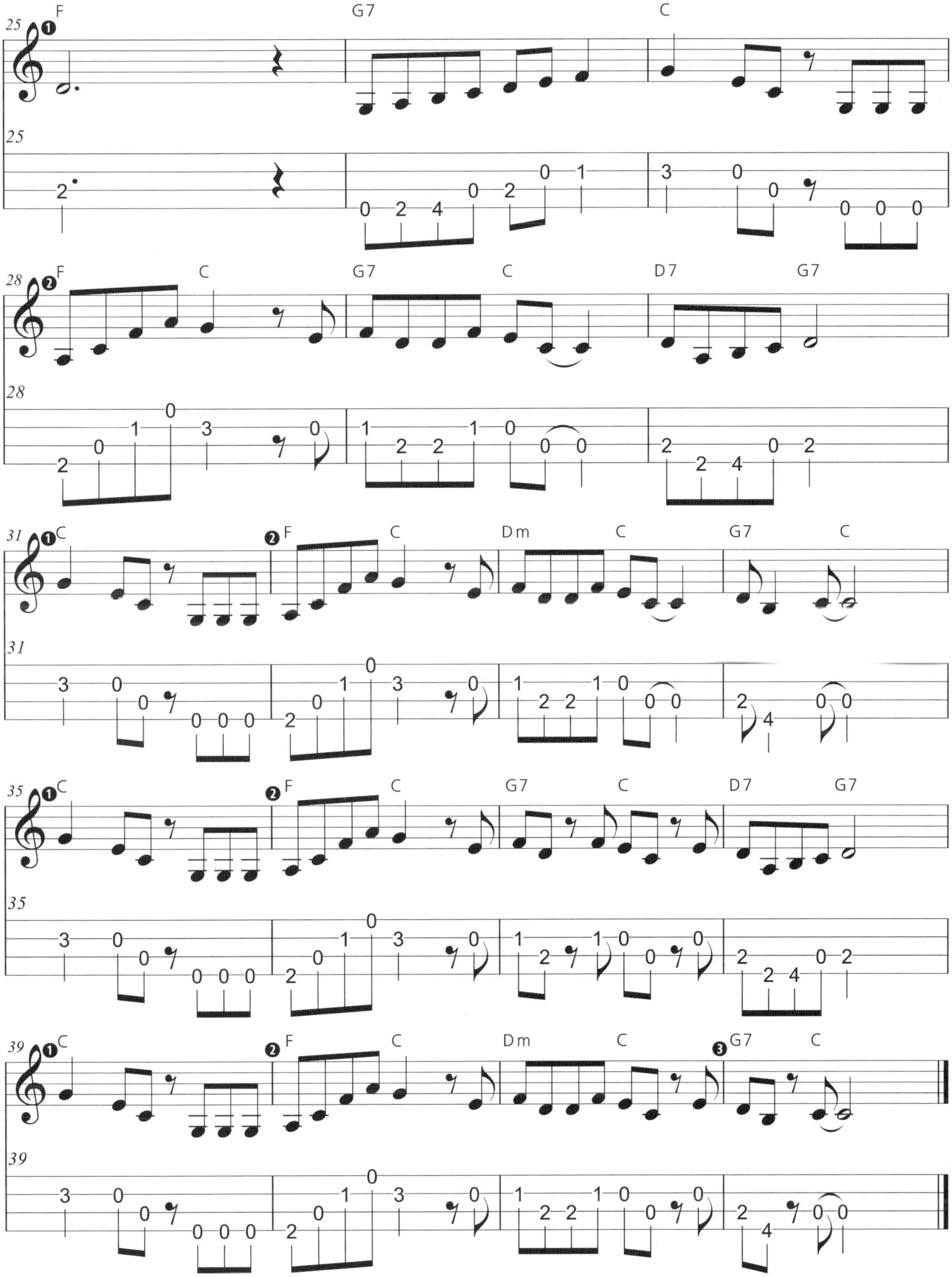
25
F
G7
C
28
F
C
G7
C
D7
G7
31
C
F
C
Dm
C
G7
C
35
C
F
C
G7
C
D7
G7
39
C
F
C
Dm
C
G7
C

'추억은 방울방울' OST

사랑은 꽃, 그대는 그 씨앗

Amanda Mcbroom 작곡

모범 연주

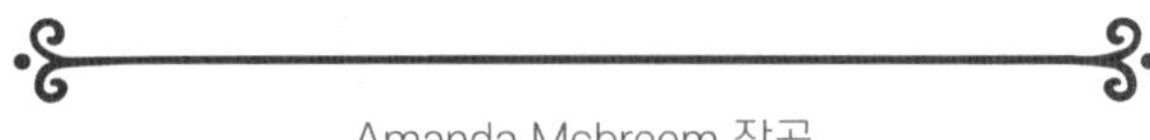

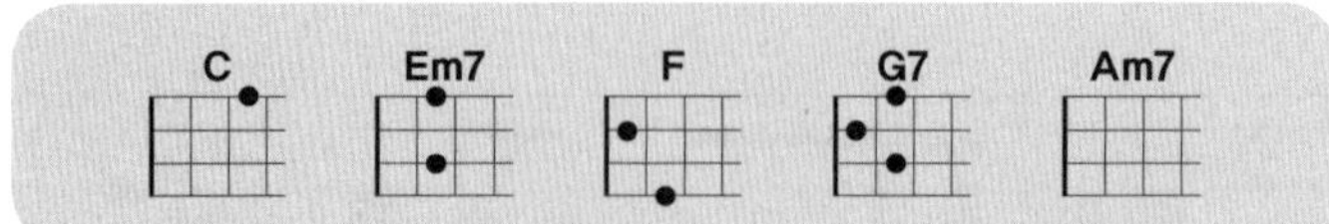

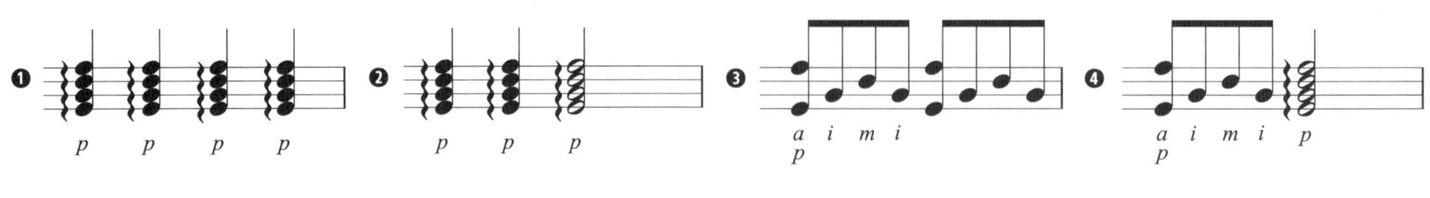

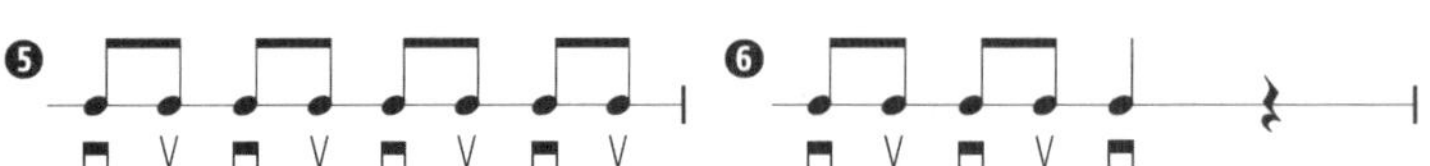

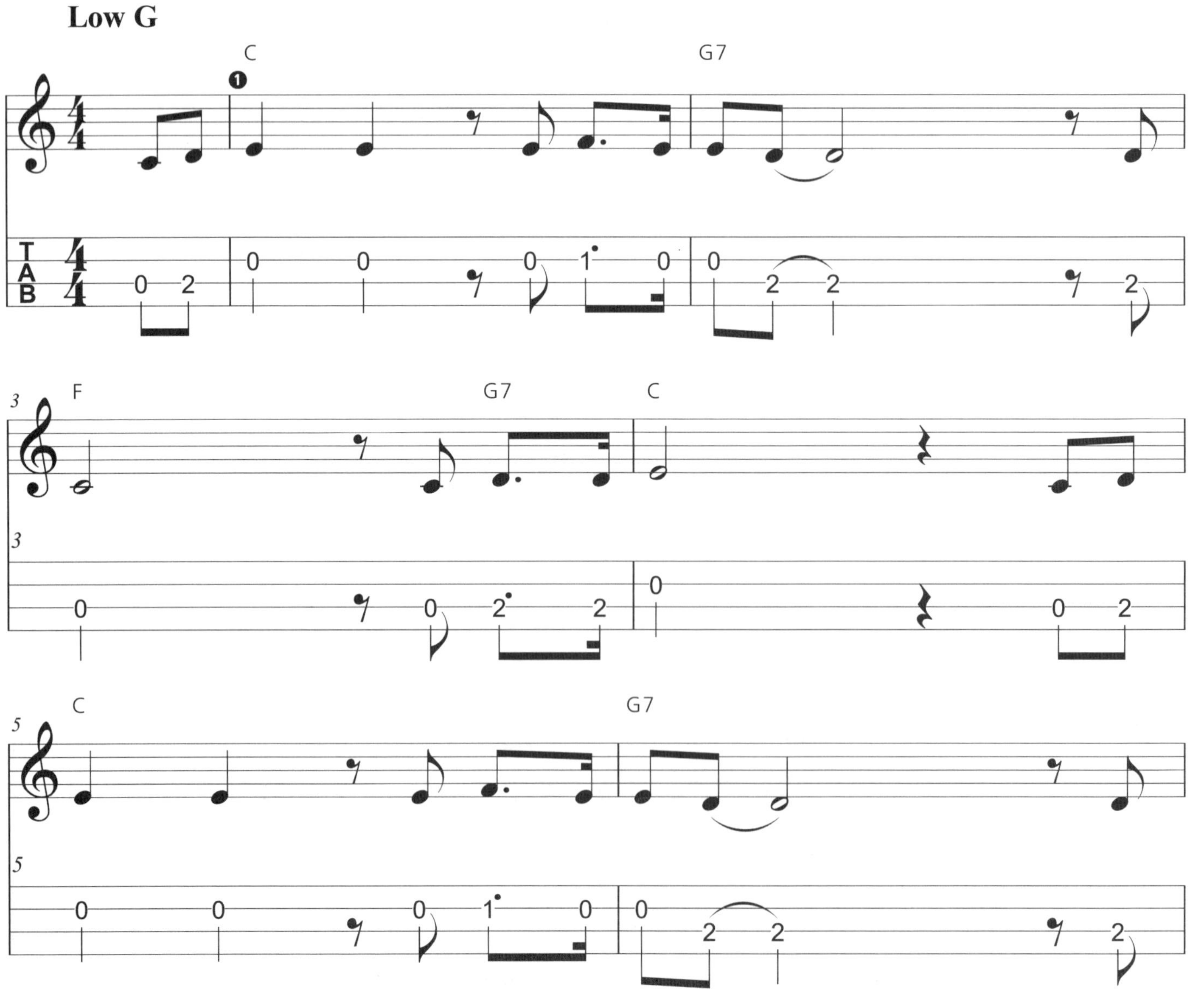

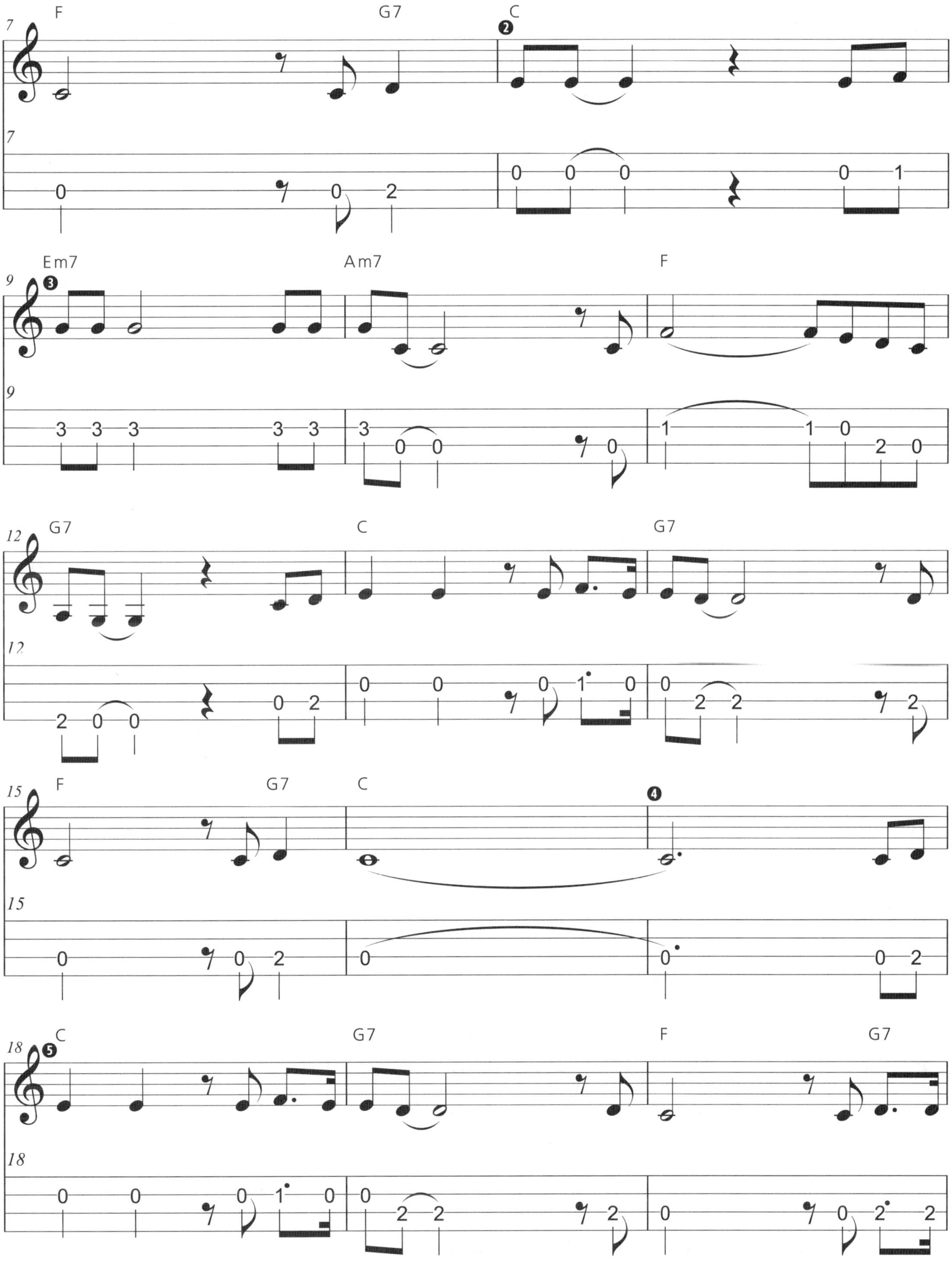
F G7 C
Em7 Am7 F
G7 C G7
F G7 C
C G7 F G7

NO COPY

'이웃집 토토로' OST

산책

Nakagawa Rieko, Hisaishi Joe 작곡

모범 연주

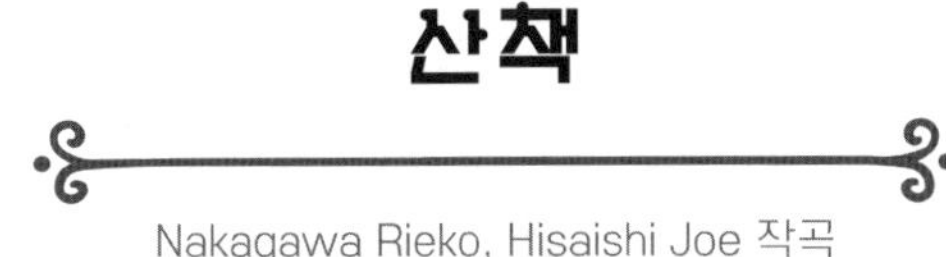

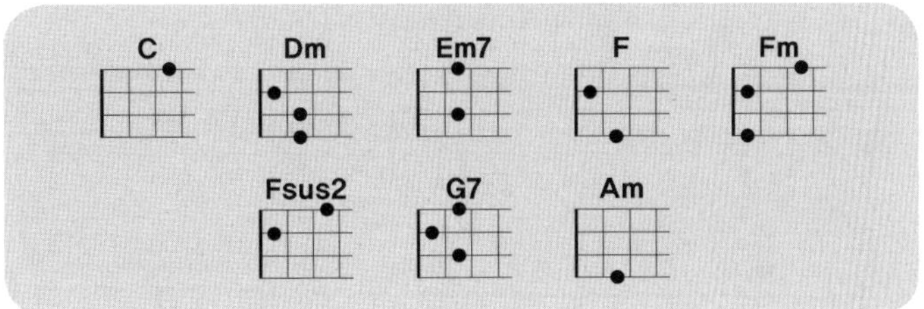

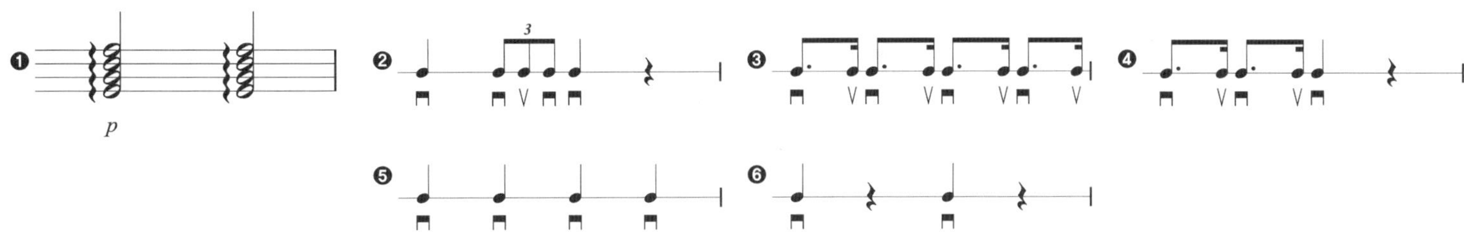

Low G

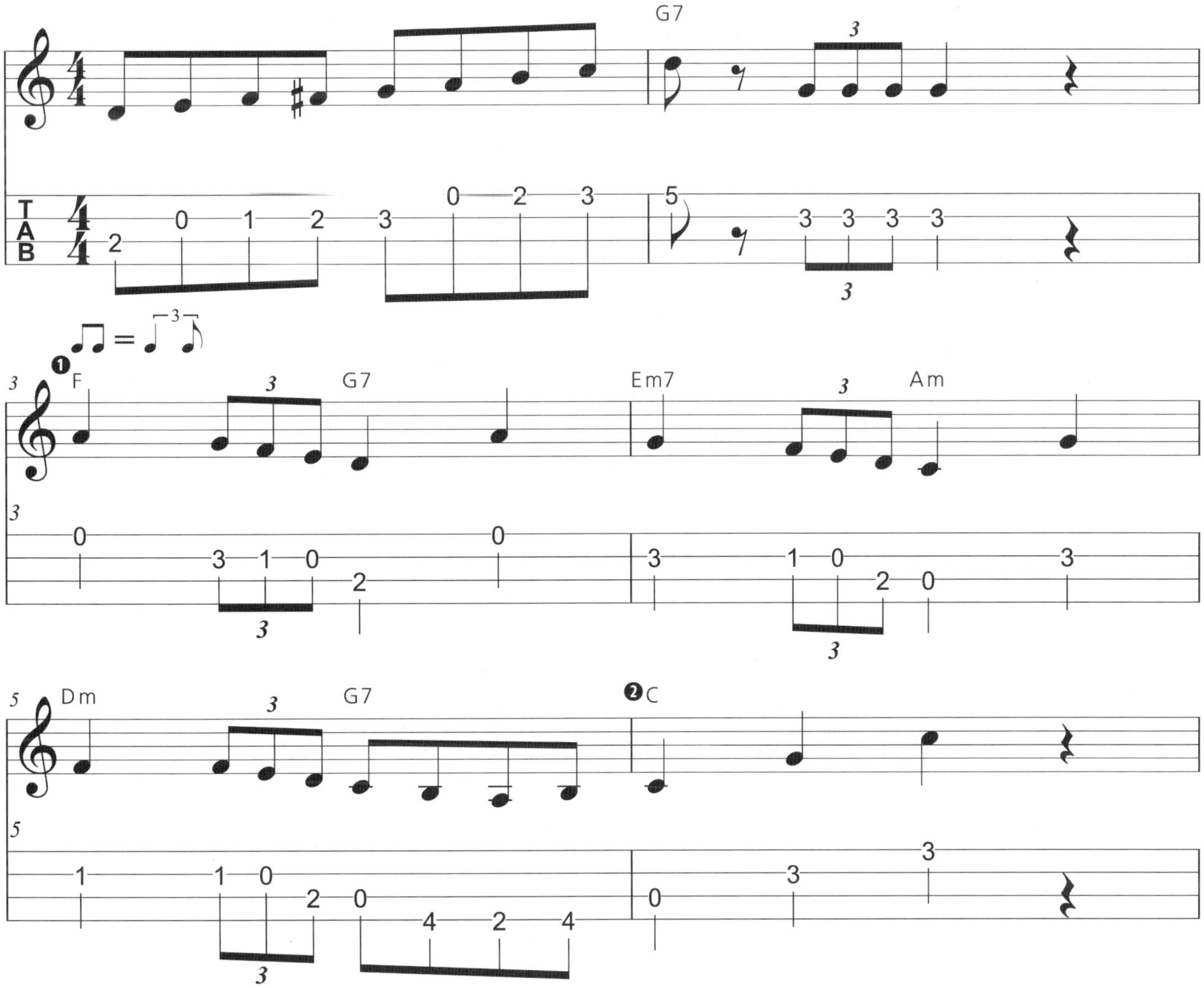

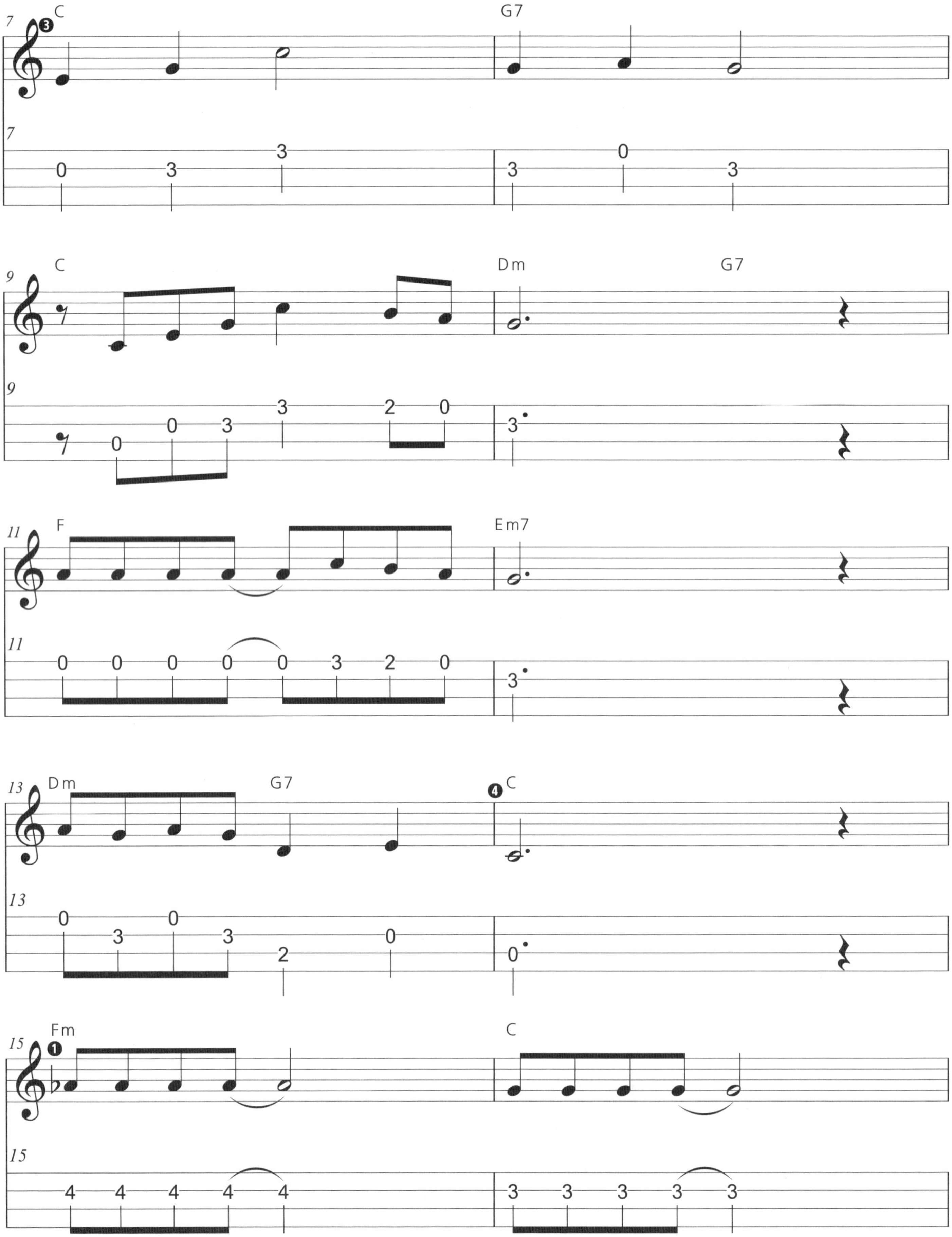
7
C
G7
9
C
Dm
G7
11
F
Em7
13
Dm
G7
C
15
Fm
C

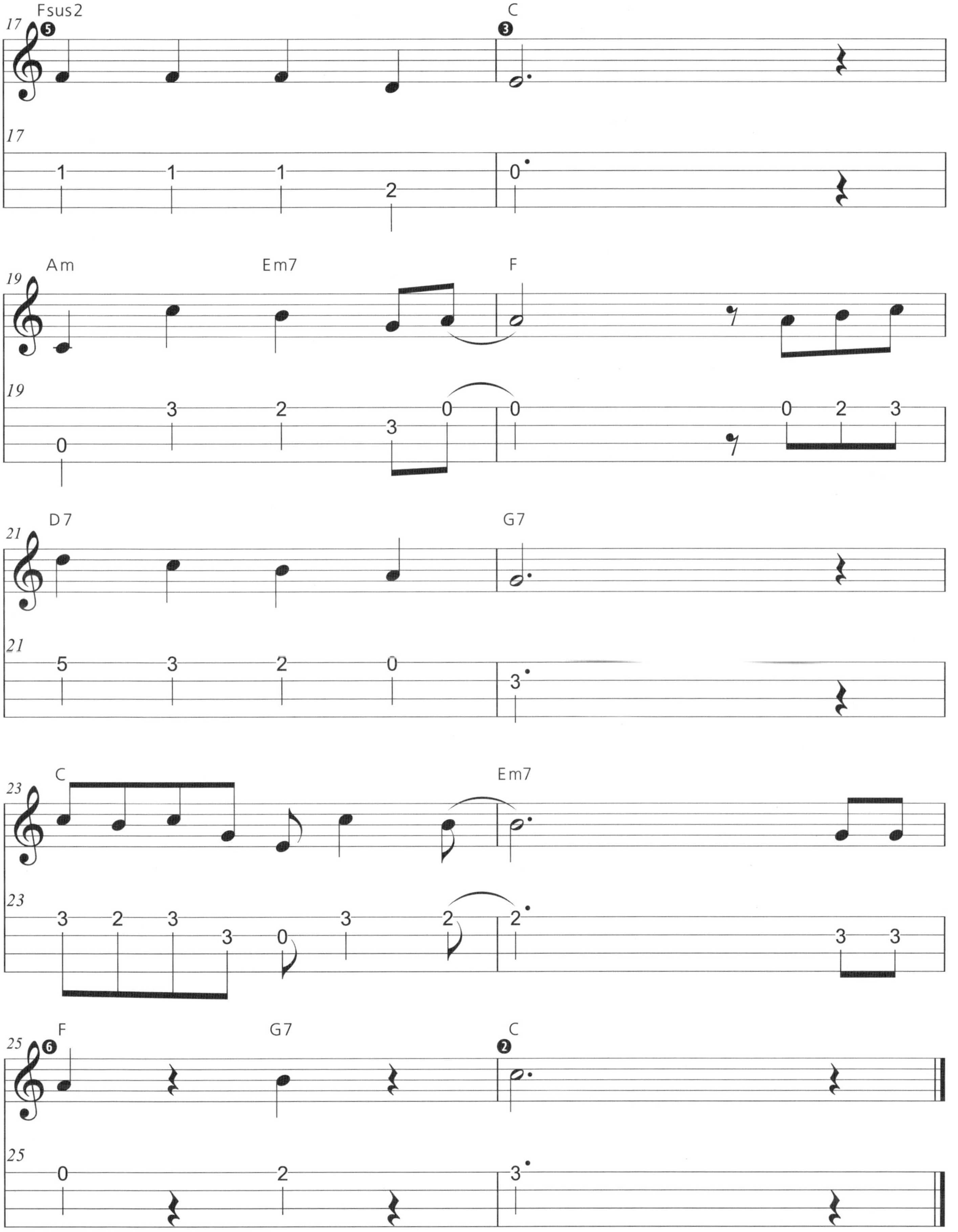
17
Fsus2
C
19
Am
Em7
F
21
D7
G7
23
C
Em7
25
F
G7
C

'가구야 공주 이야기' OST

생명의 기억

Nikaido Kazumi, Jasrac 작곡

모범 연주

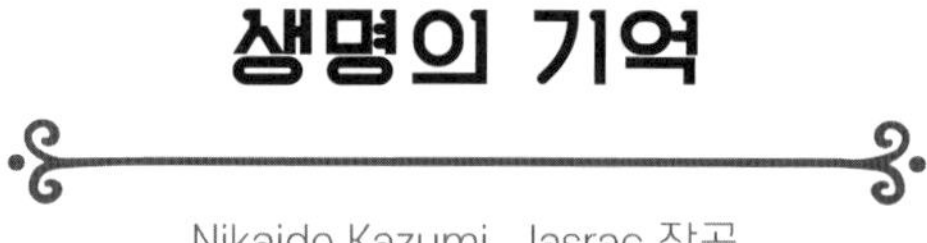

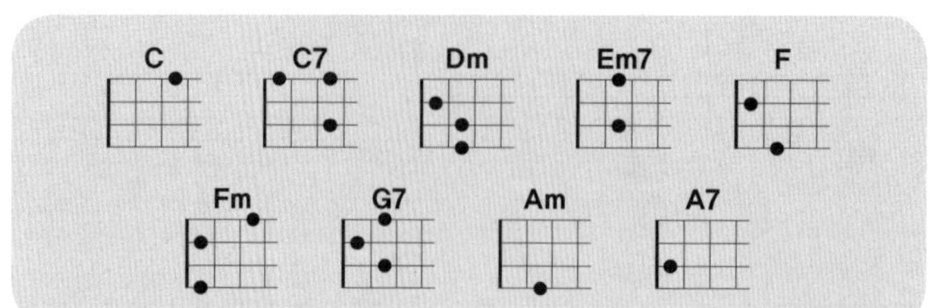

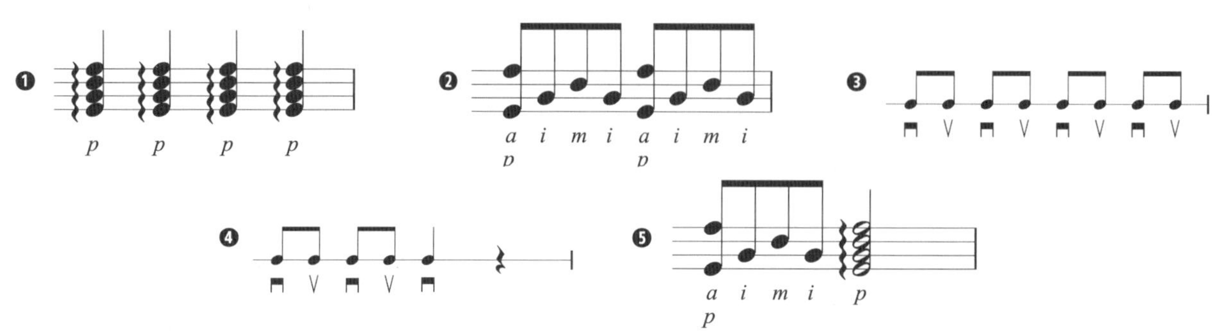

'가구야 공주 이야기' OST

Nikaido Kazumi, Jasrac 작곡

모범 연주

C   C7   Dm   Em7   F
Fm   G7   Am   A7

① p p p p
② a i m i a i m i
   p   p
③ ⊓ V ⊓ V ⊓ V ⊓ V
④ ⊓ V ⊓ V ⊓
⑤ a i m i p
   p

C   G7   F   C   G7
C   F   G7   C   A7
Dm   G7   C   G7

Low G

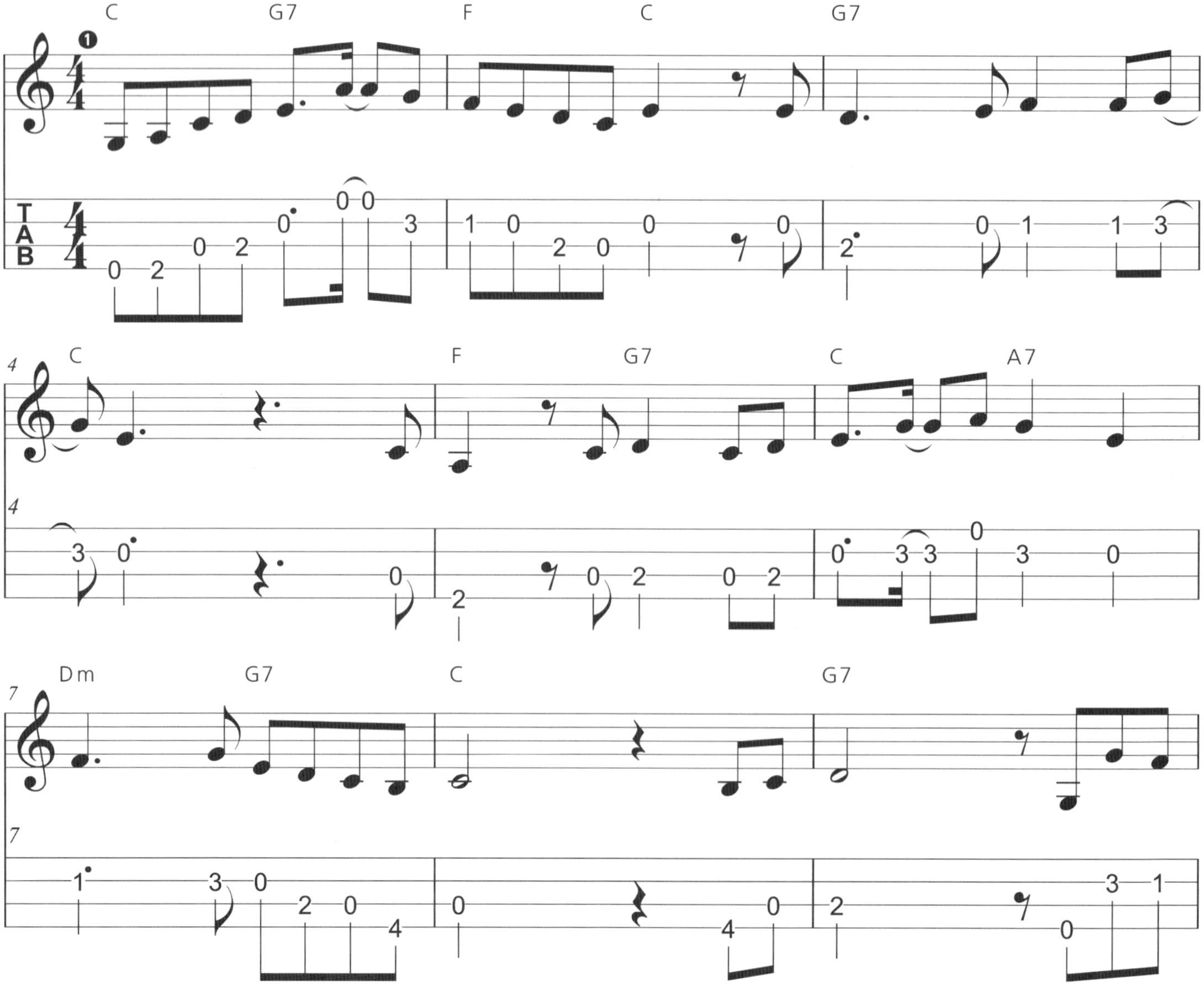

NO COPY

NO COPY

세계의 약속

Kimura Yumi 작곡

NO COPY

49

아리에티의 노래

Simon Caby, Cecile Corbel, Jasrac 작곡

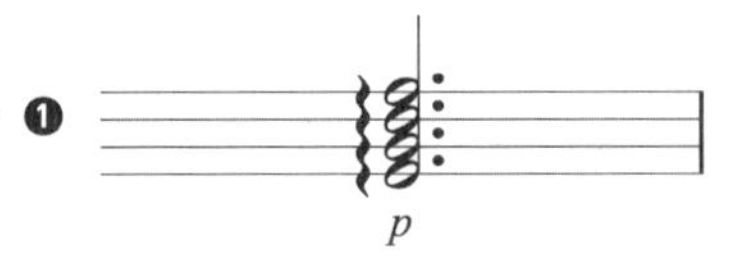

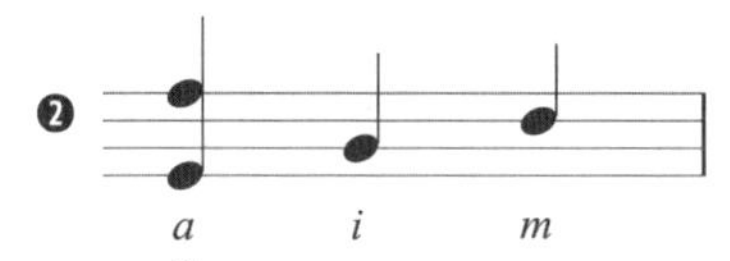

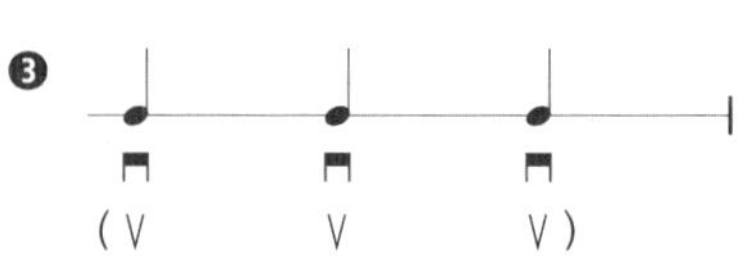

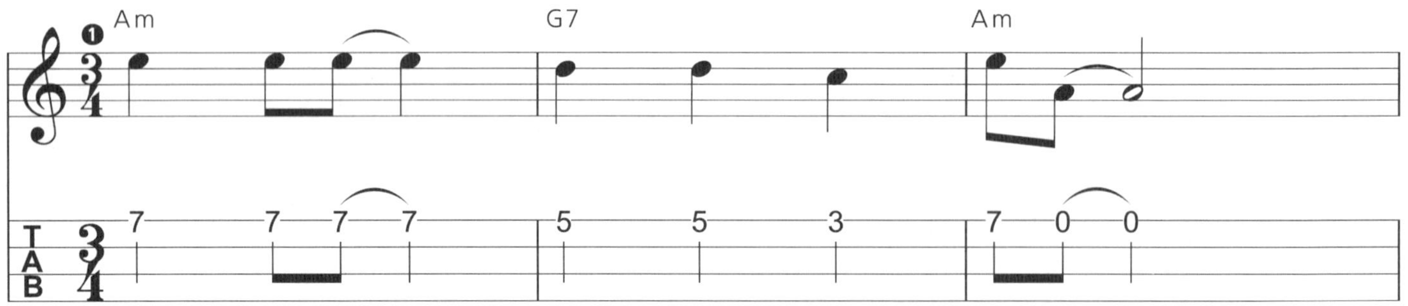

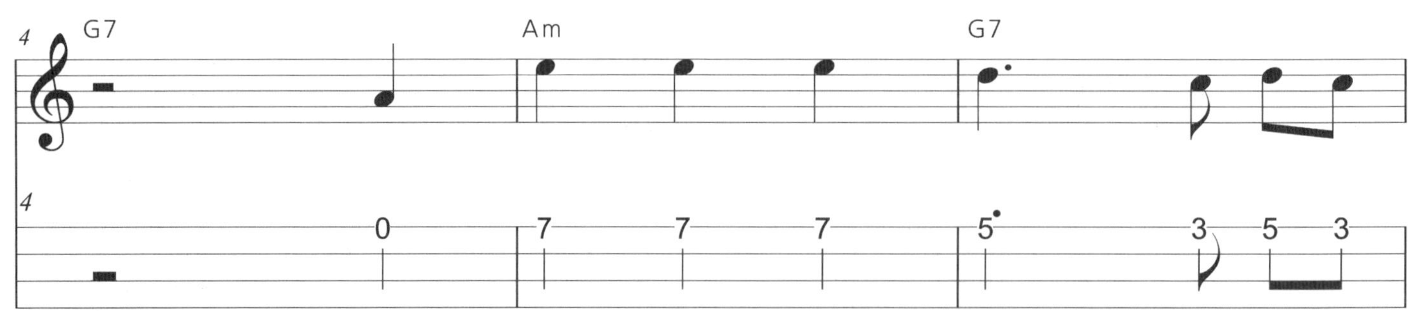

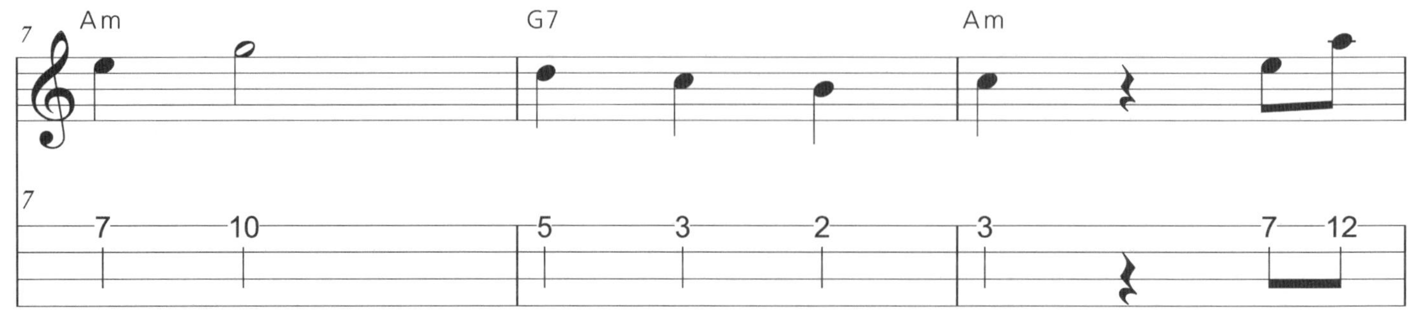

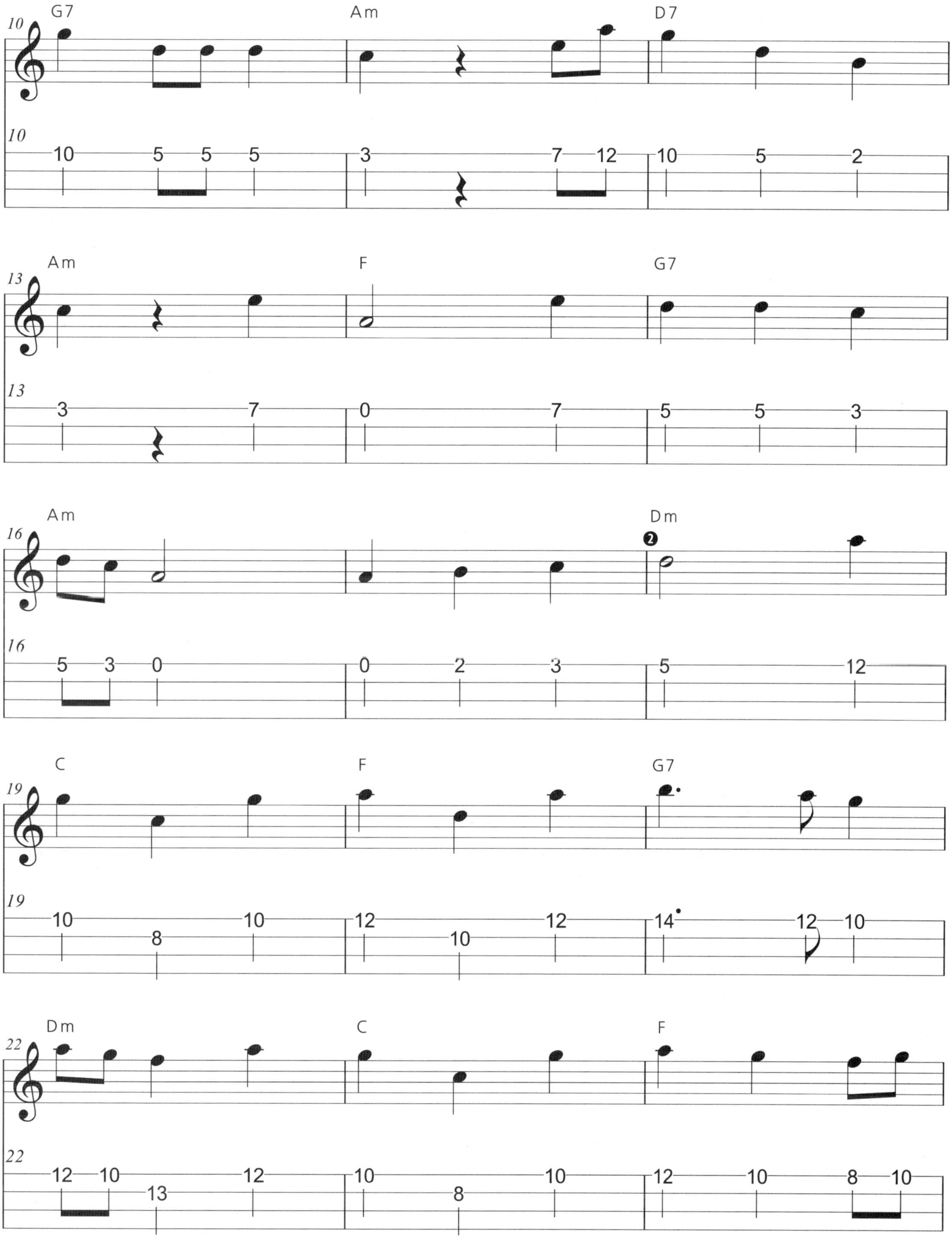
10
G7
Am
D7
13
Am
F
G7
16
Am
Dm
19
C
F
G7
22
Dm
C
F

NO COPY

NO COPY

아시타카와 산

Hisaishi Joe 작곡

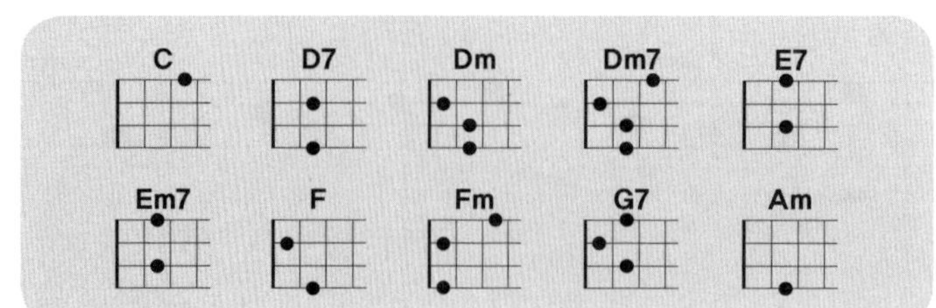

모범 연주

Low G

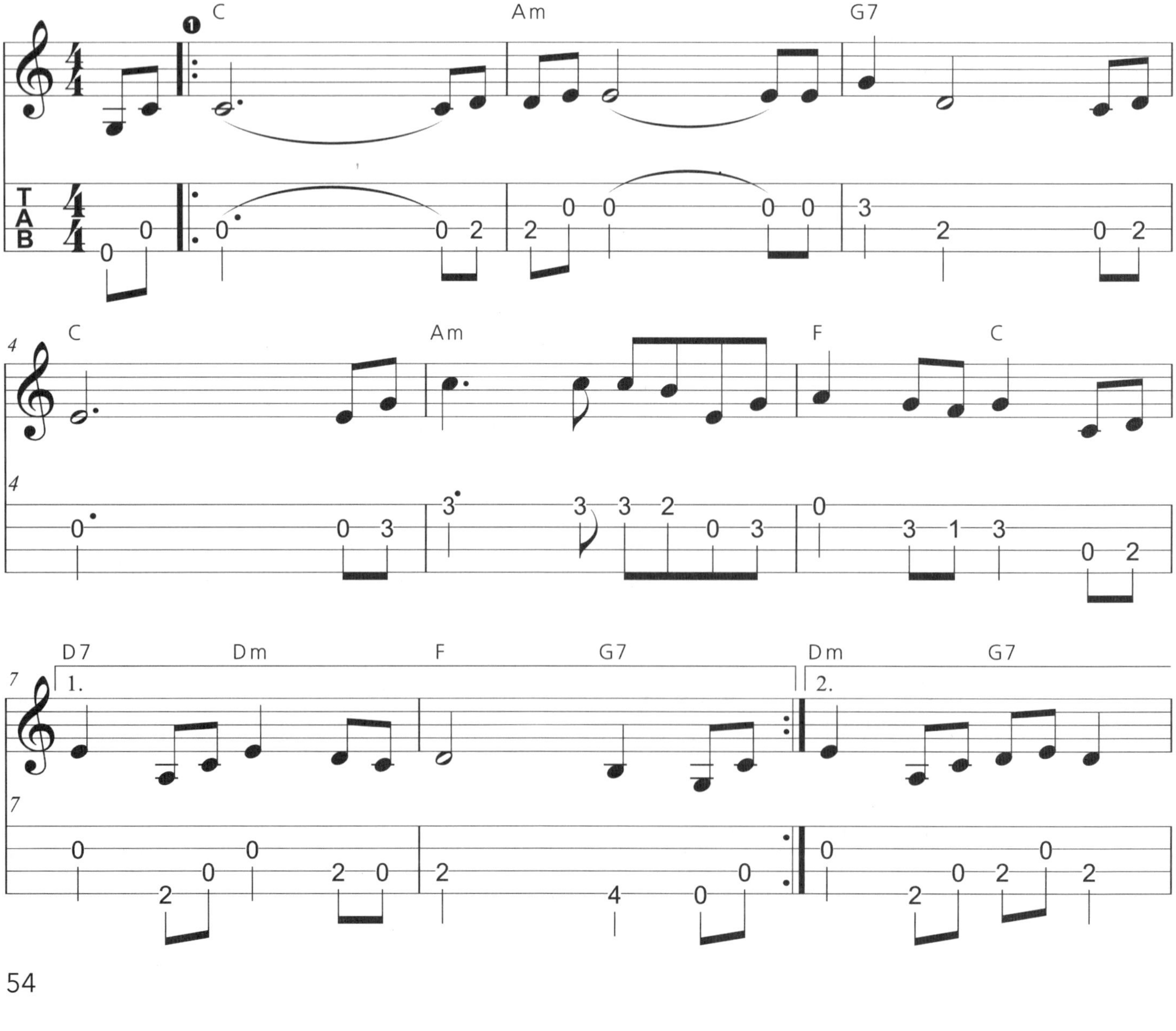

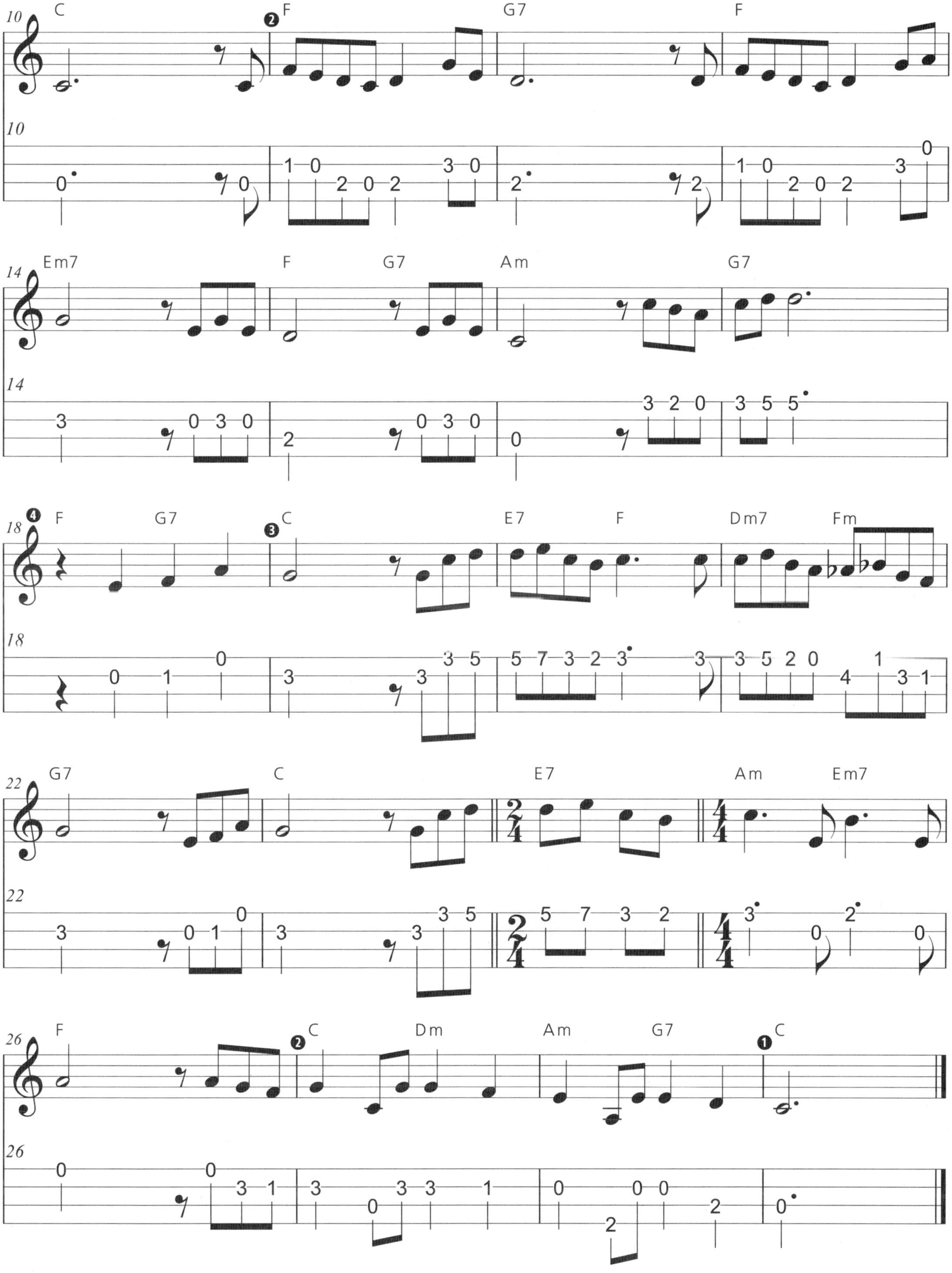
C
F
G7
F
Em7
F
G7
Am
G7
F
G7
C
E7
F
Dm7
Fm
G7
C
E7
Am
Em7
F
C
Dm
Am
G7
C

아시타카의 전설

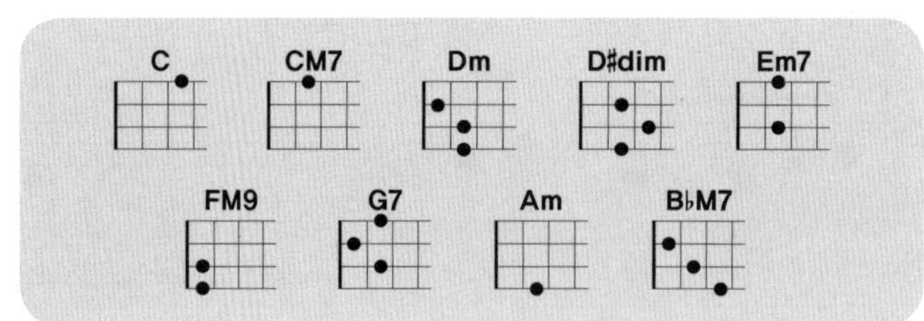

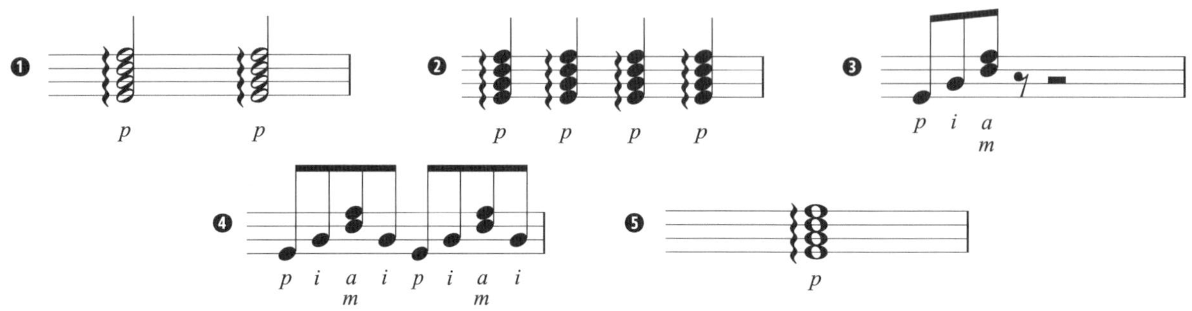

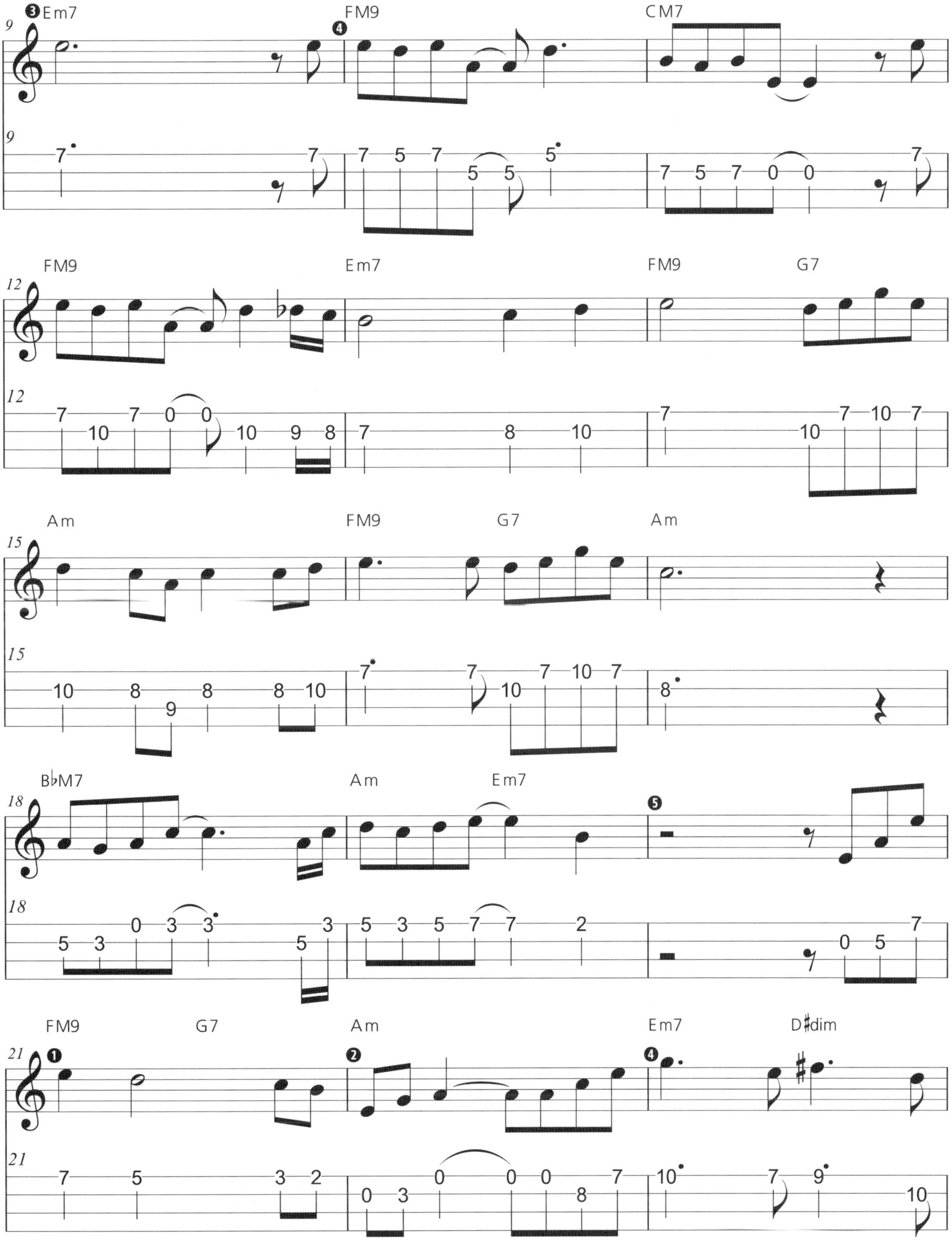
Em7
FM9
CM7
FM9
Em7
FM9
G7
Am
FM9
G7
Am
B♭M7
Am
Em7
FM9
G7
Am
Em7
D♯dim

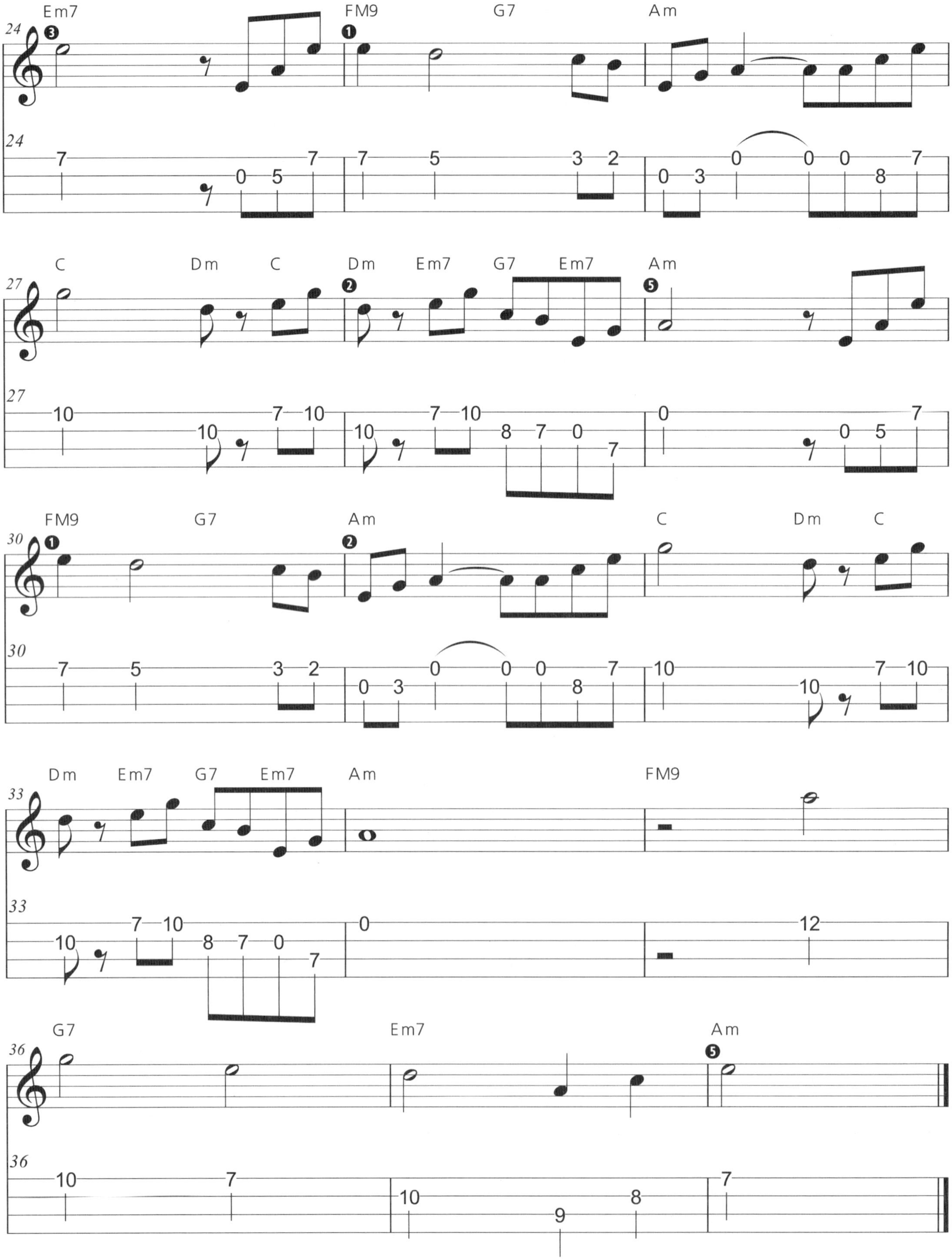
Em7 FM9 G7 Am
24
C Dm C Dm Em7 G7 Em7 Am
27
FM9 G7 Am C Dm C
30
Dm Em7 G7 Em7 Am FM9
33
G7 Em7 Am
36

'센과 치히로의 행방불명' OST

언제나 몇 번이라도

Kimura Yumi 작곡

모범 연주

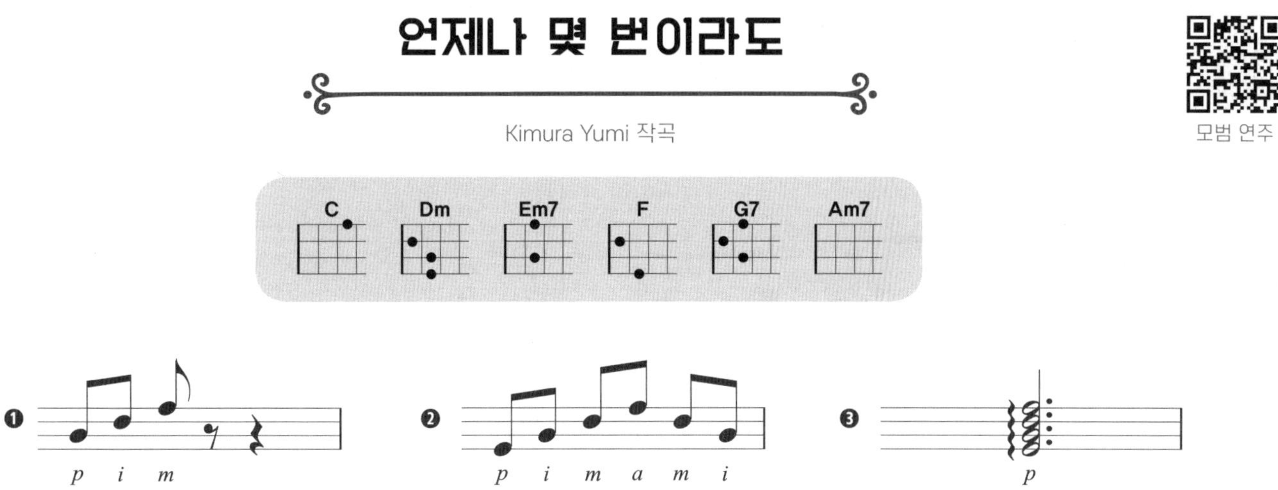

Low G

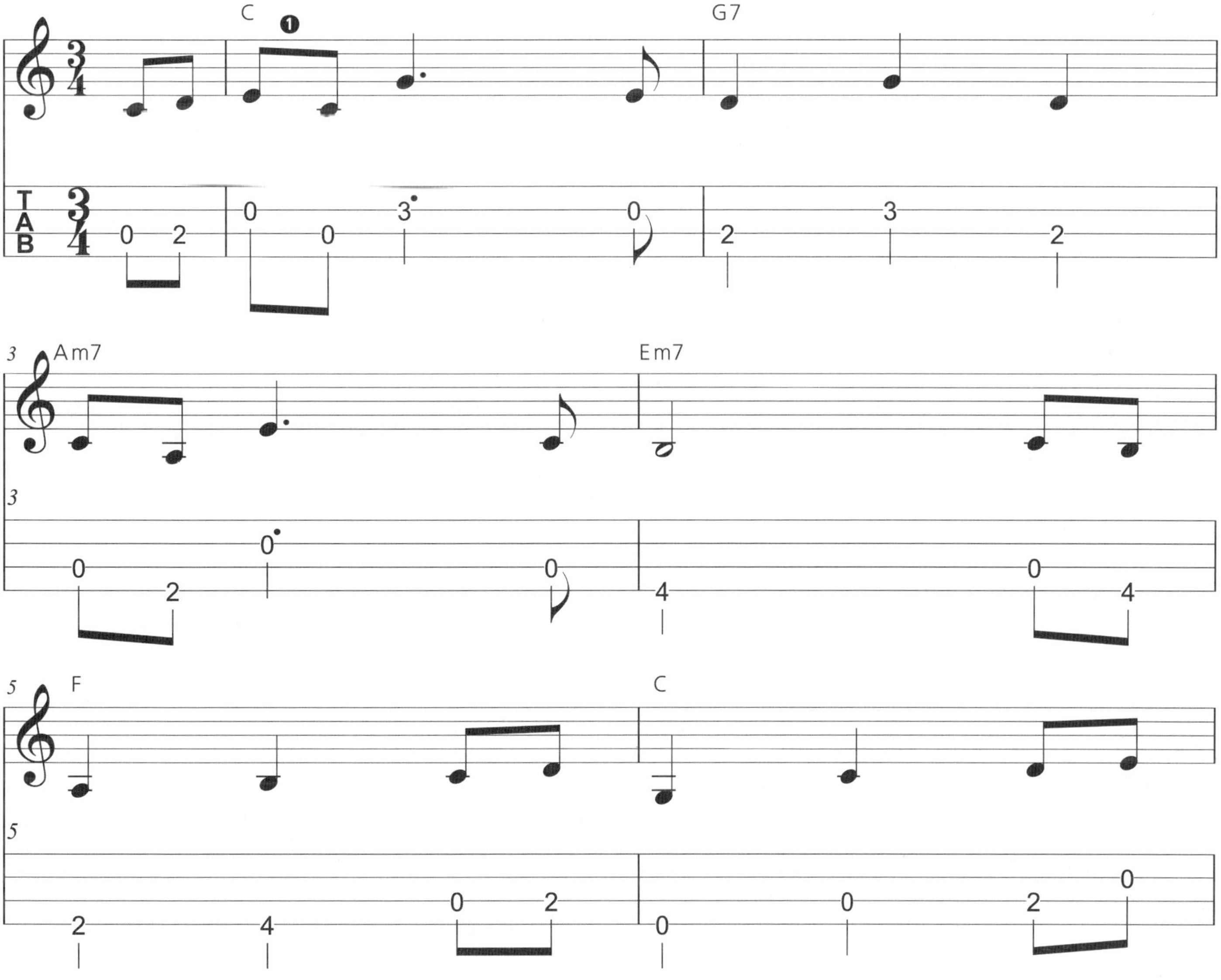

NO COPY

NO COPY

'이웃집 토토로' OST

오월의 마을

Hisaishi Joe 작곡

모범 연주

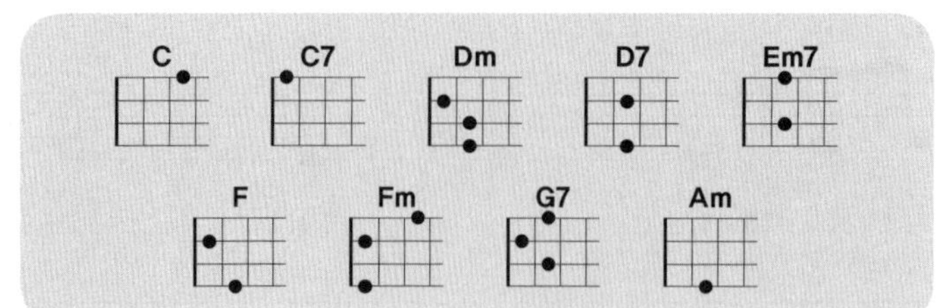

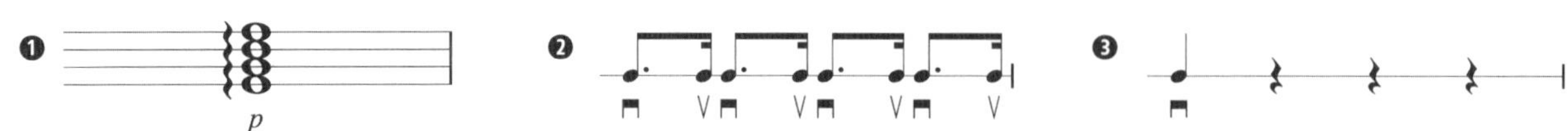

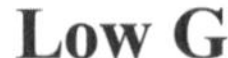

모범 연주

'이웃집 토토로' OST

Hisaishi Joe 작곡

C   C7   Dm   D7   Em7
F   Fm   G7   Am

1   p
2
3

1   Dm   G7 3   C   Am   Dm   G7 3   E7   Am
5   Dm   G7 3   C   Am   Dm   G7   C
9   C   Am   Dm   G7   C   Am   Dm   G7

Low G

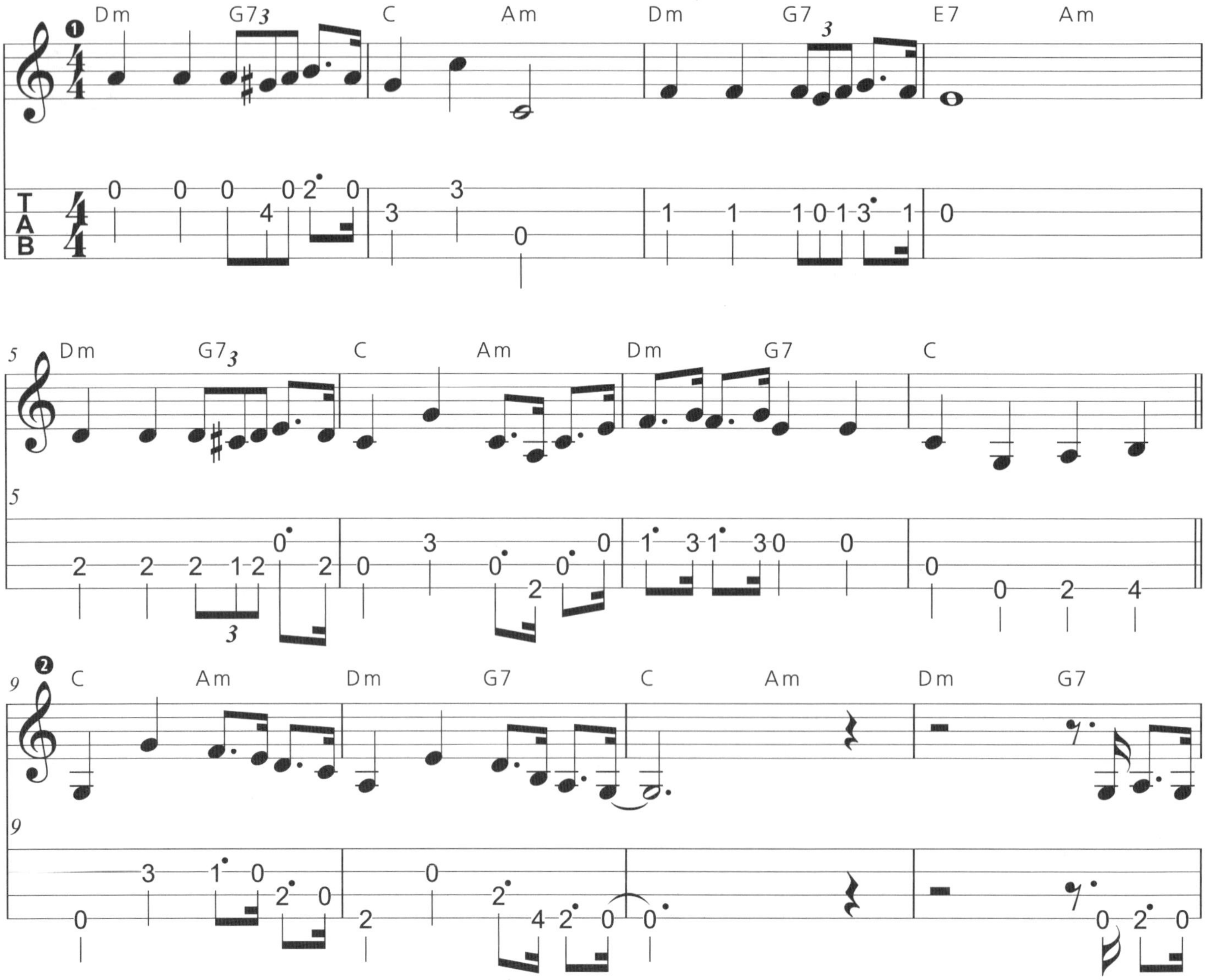

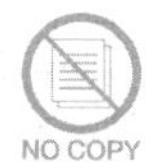

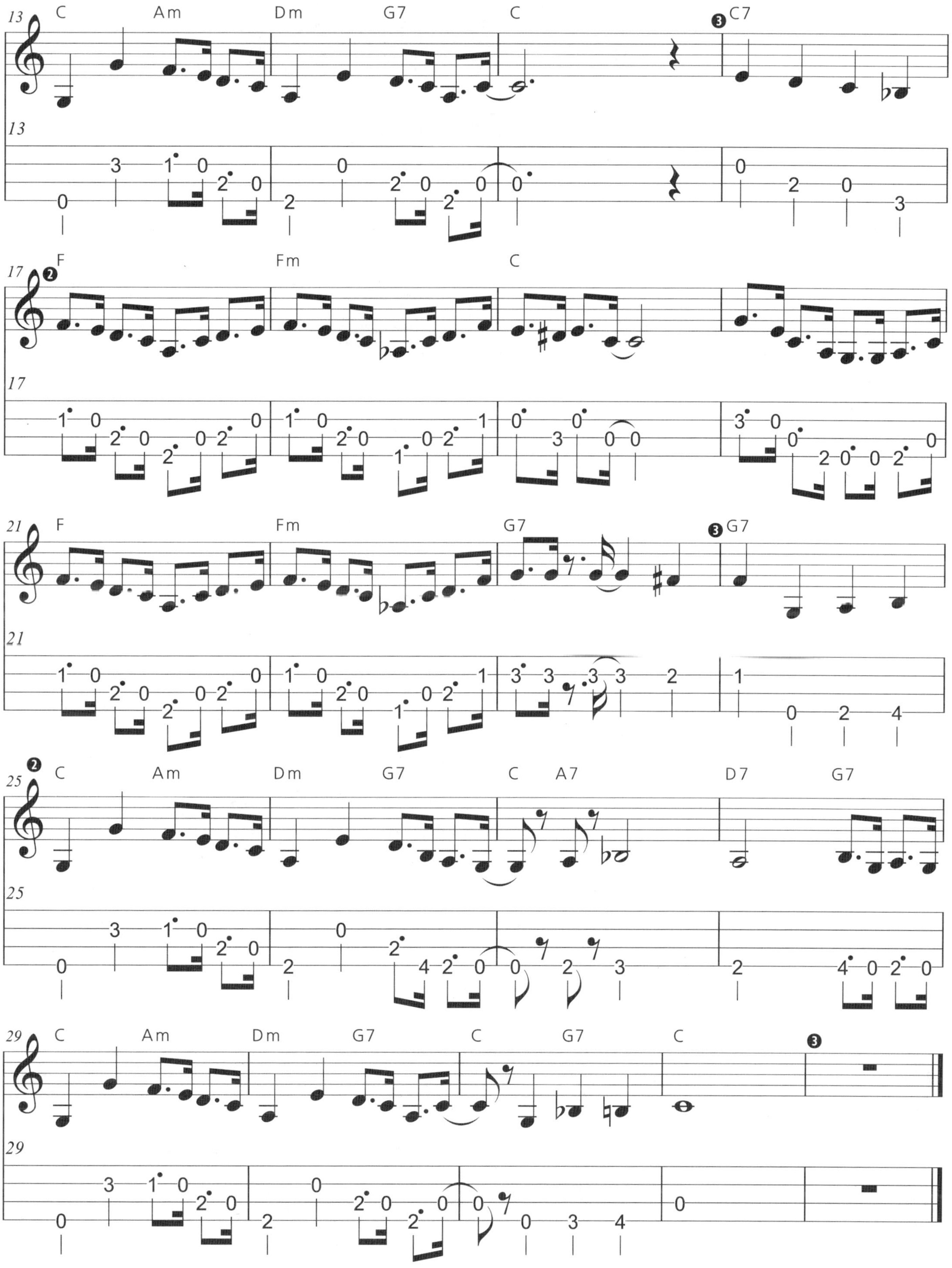
13
C Am Dm G7 C C7
17
F Fm C
21
F Fm G7 G7
25
C Am Dm G7 C A7 D7 G7
29
C Am Dm G7 C G7 C

이별의 여름

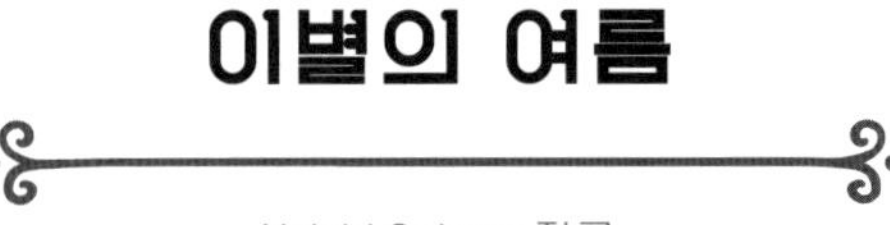

Koichi Sakata 작곡

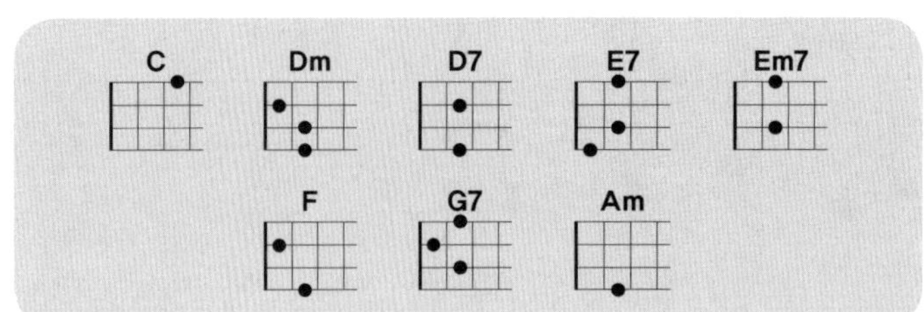

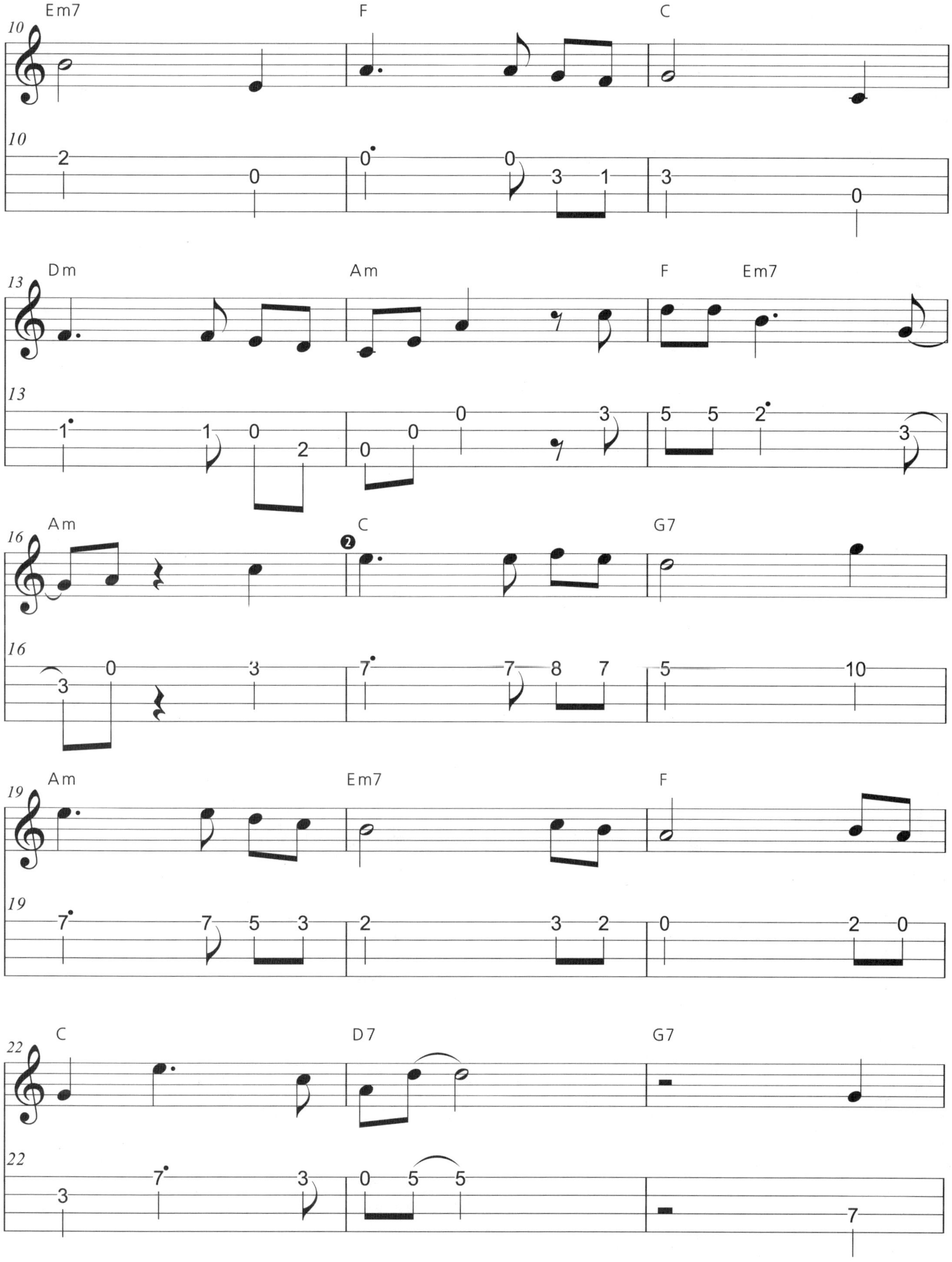
Em7
F
C
Dm
Am
F
Em7
Am
C
G7
Am
Em7
F
C
D7
G7

NO COPY

이웃집 토토로

Miyazaki Hayao, Hisaishi Joe 작곡

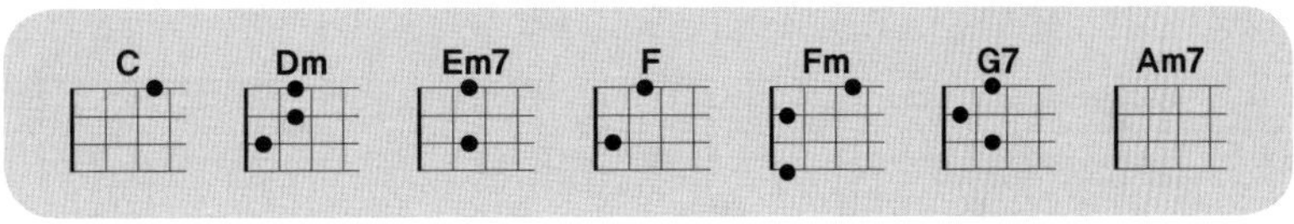

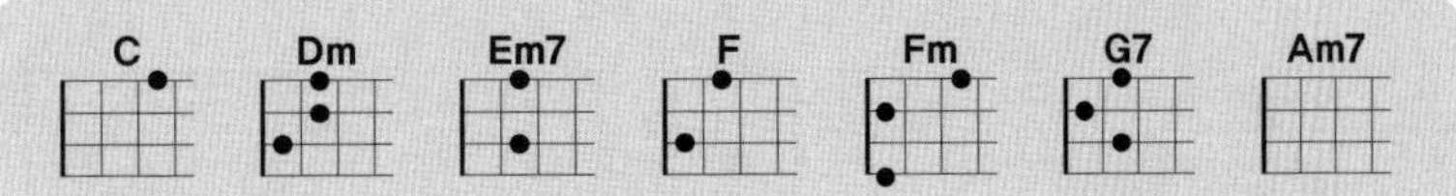

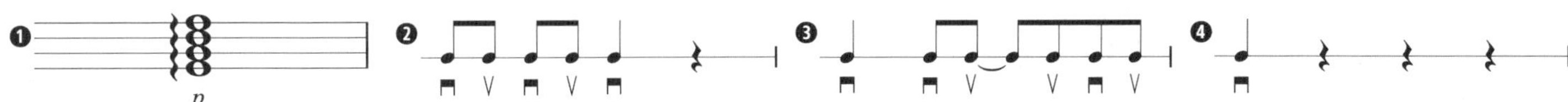

Low G

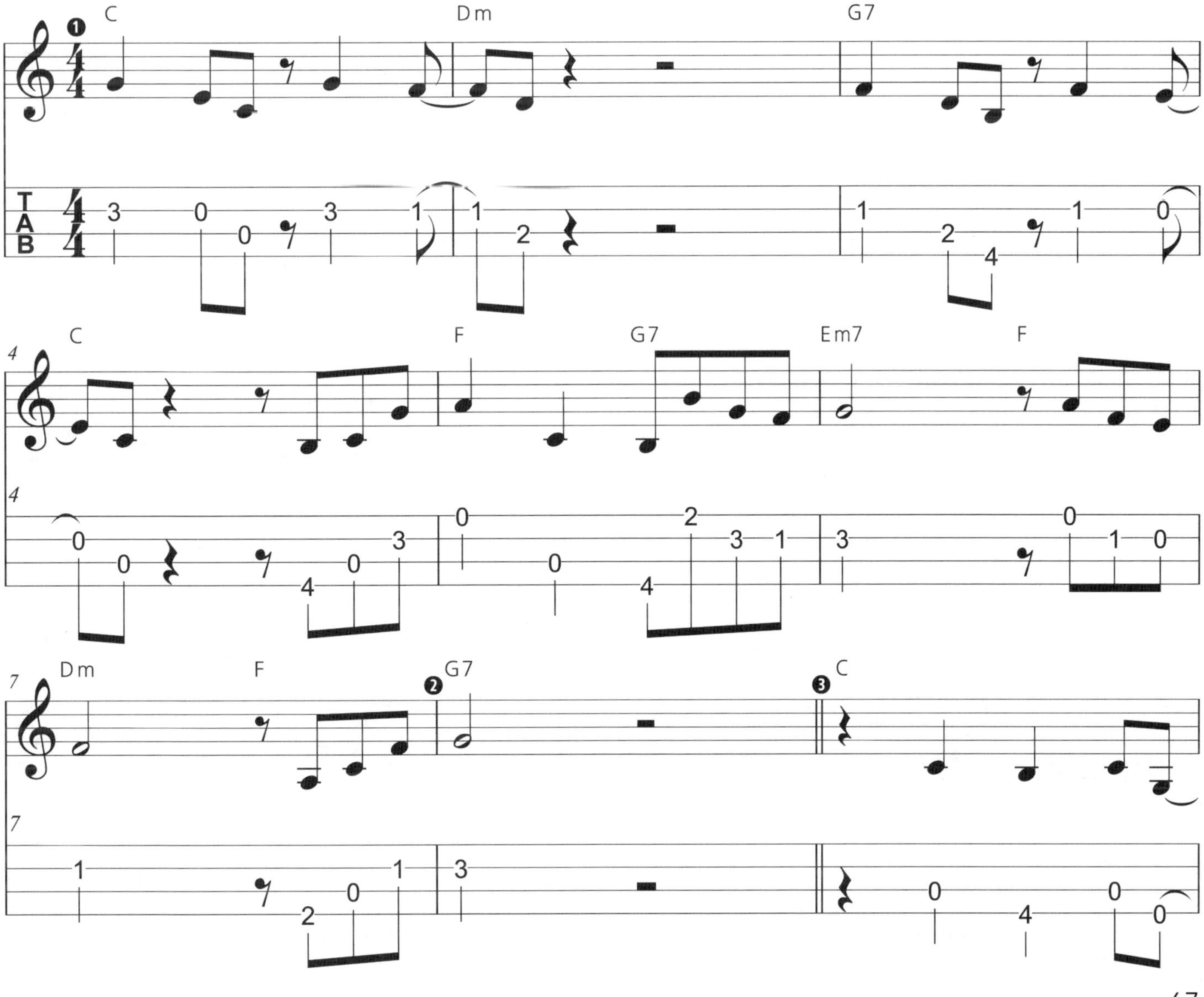

NO COPY

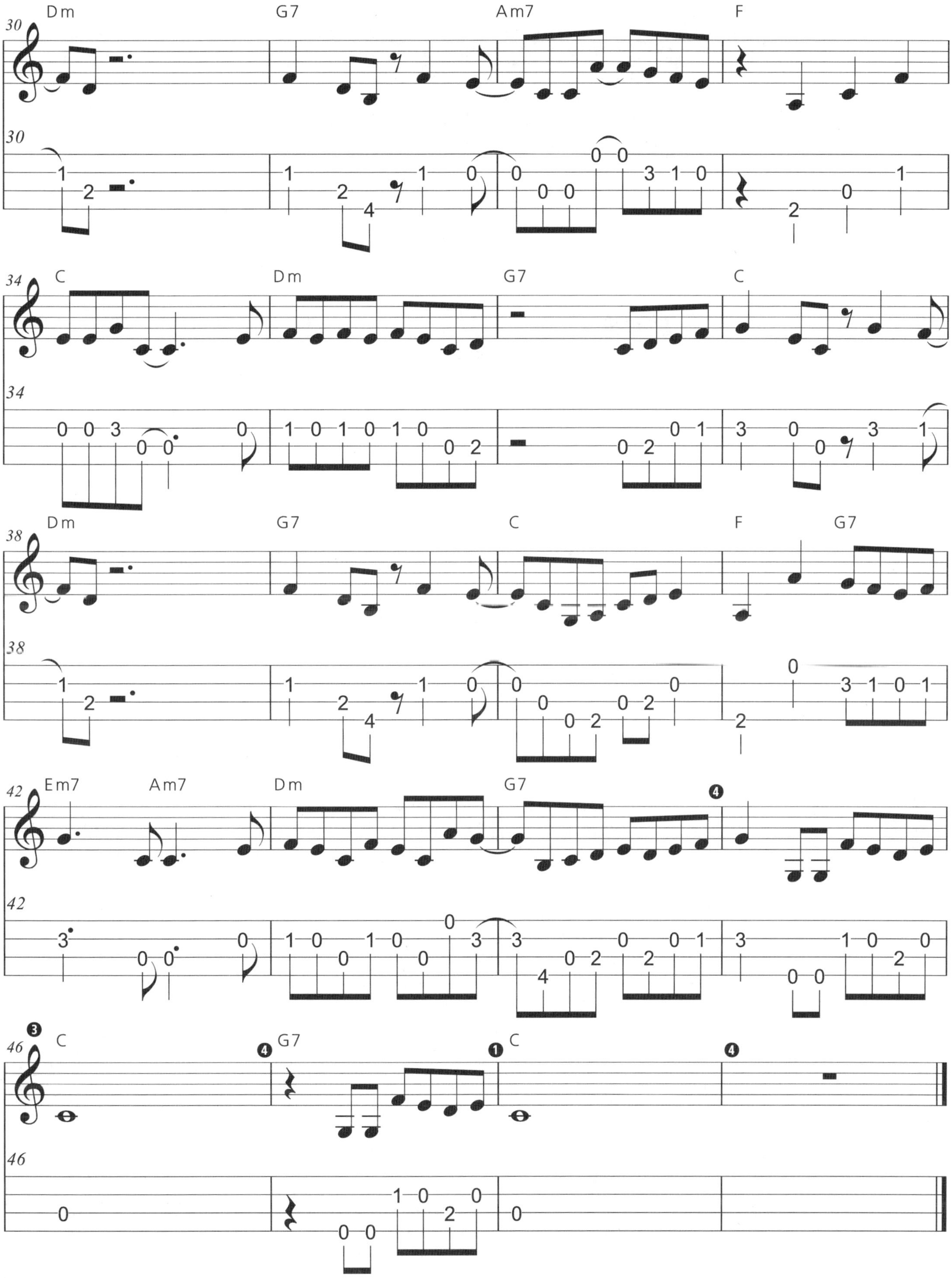
Dm G7 Am7 F
C Dm G7 C
Dm G7 C F G7
Em7 Am7 Dm G7
C G7 C

인생의 회전목마

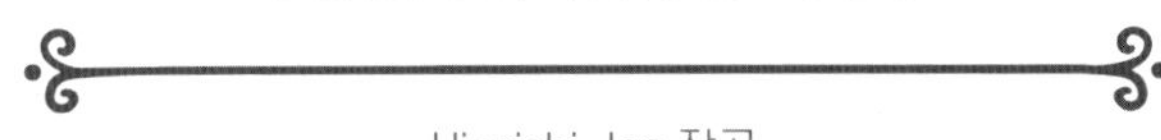

Hisaishi Joe 작곡

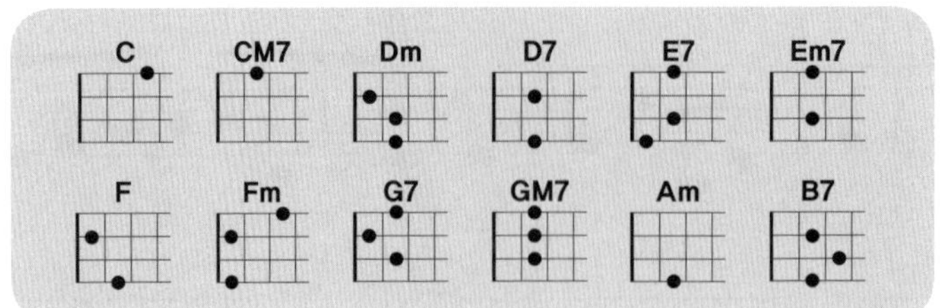

Low G

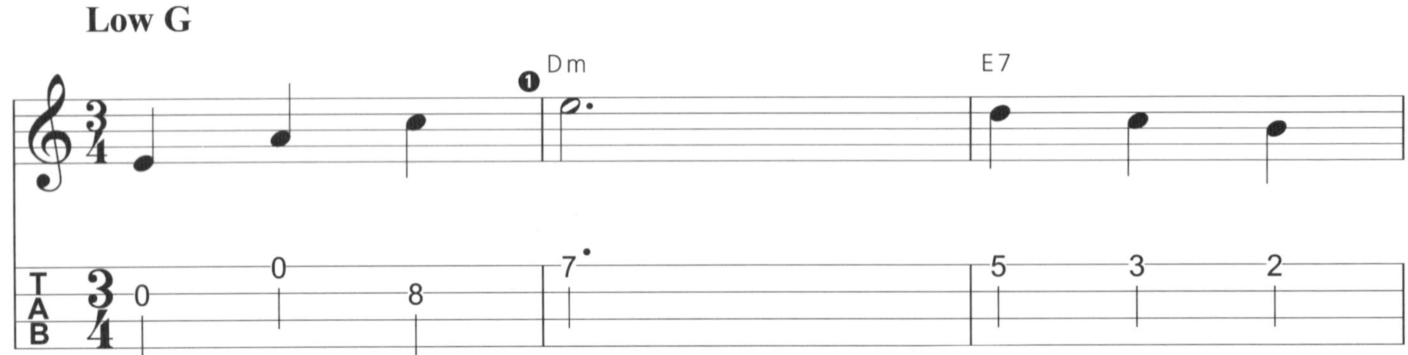

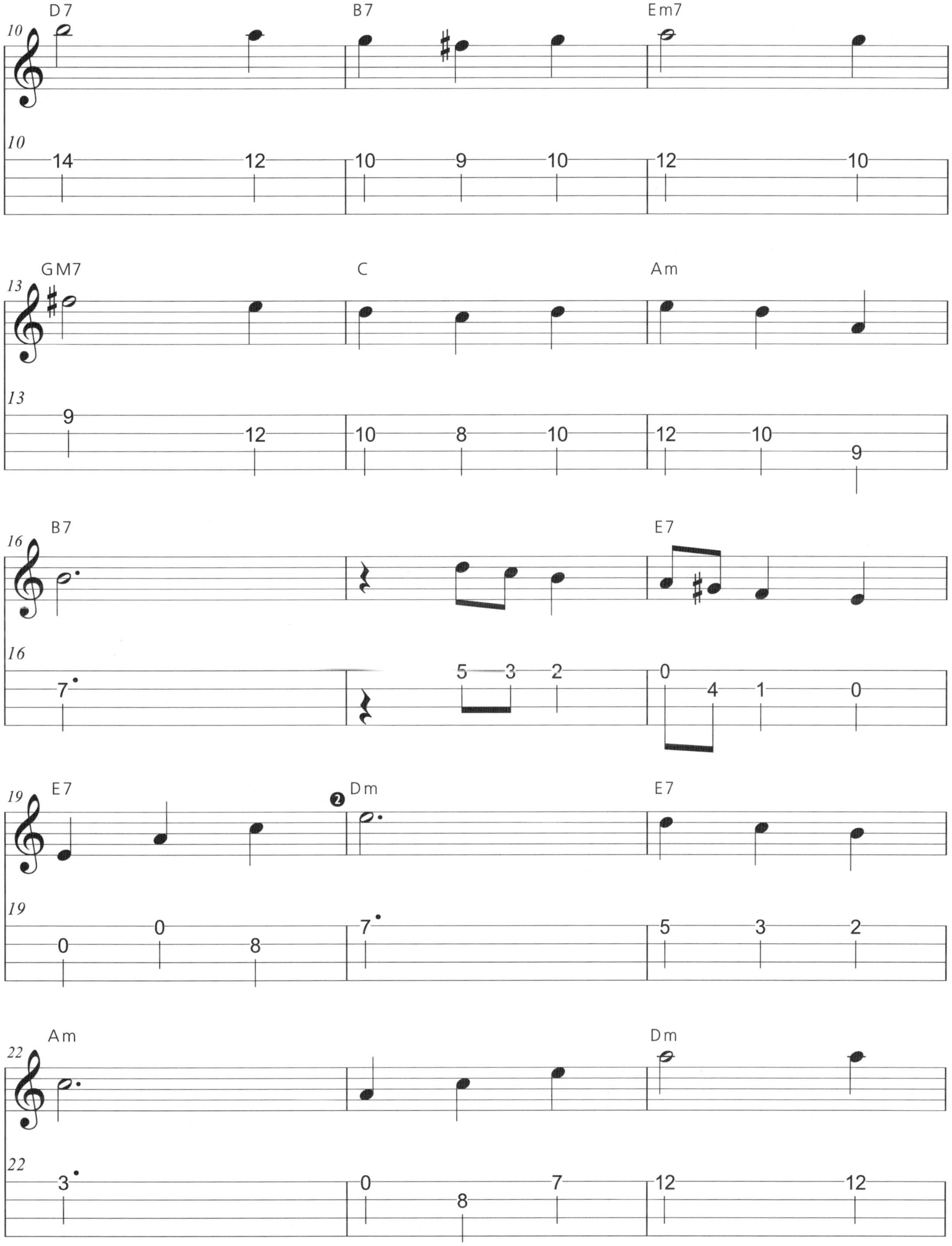
D7
B7
Em7
GM7
C
Am
B7
E7
E7
Dm
E7
Am
Dm

NO COPY

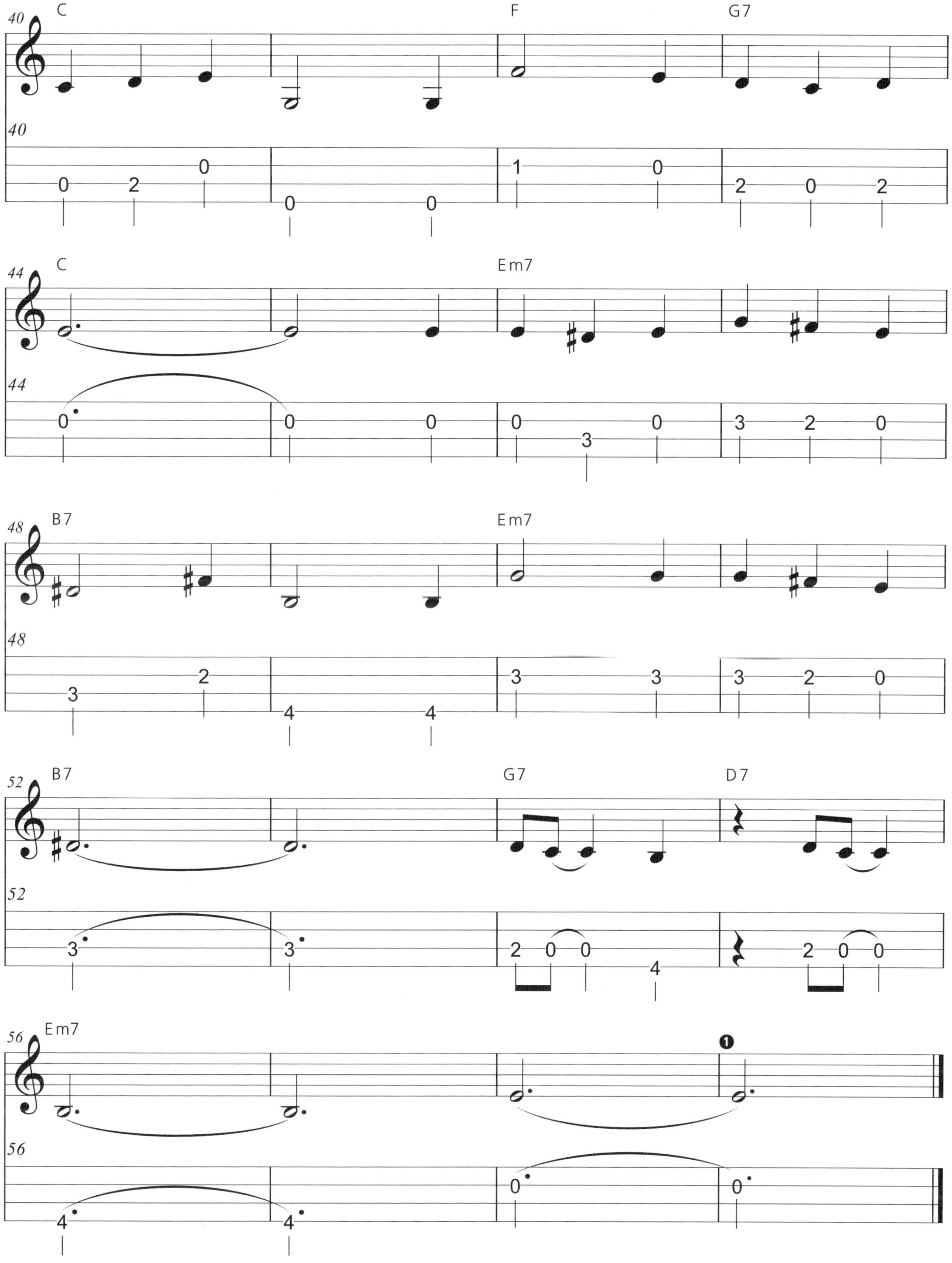
C
F
G7
C
Em7
B7
Em7
B7
G7
D7
Em7

천공의 성 라퓨타

Hisaishi Joe 작곡

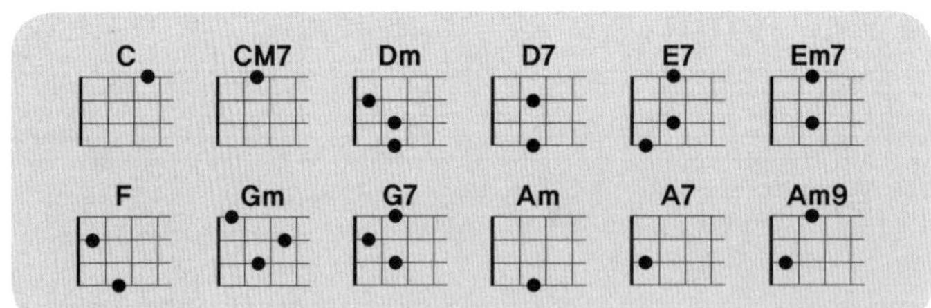

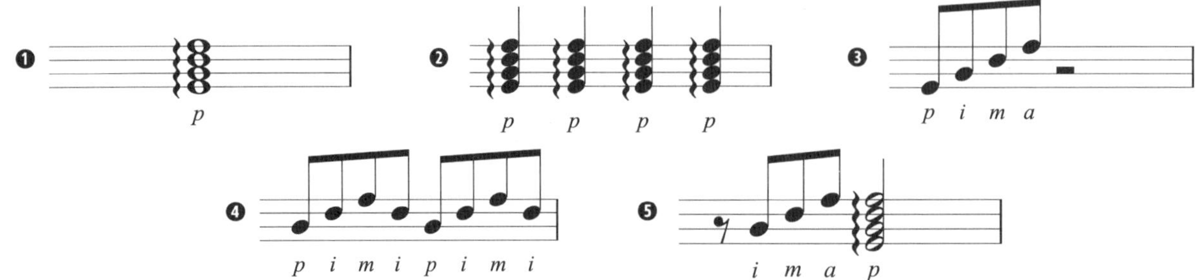

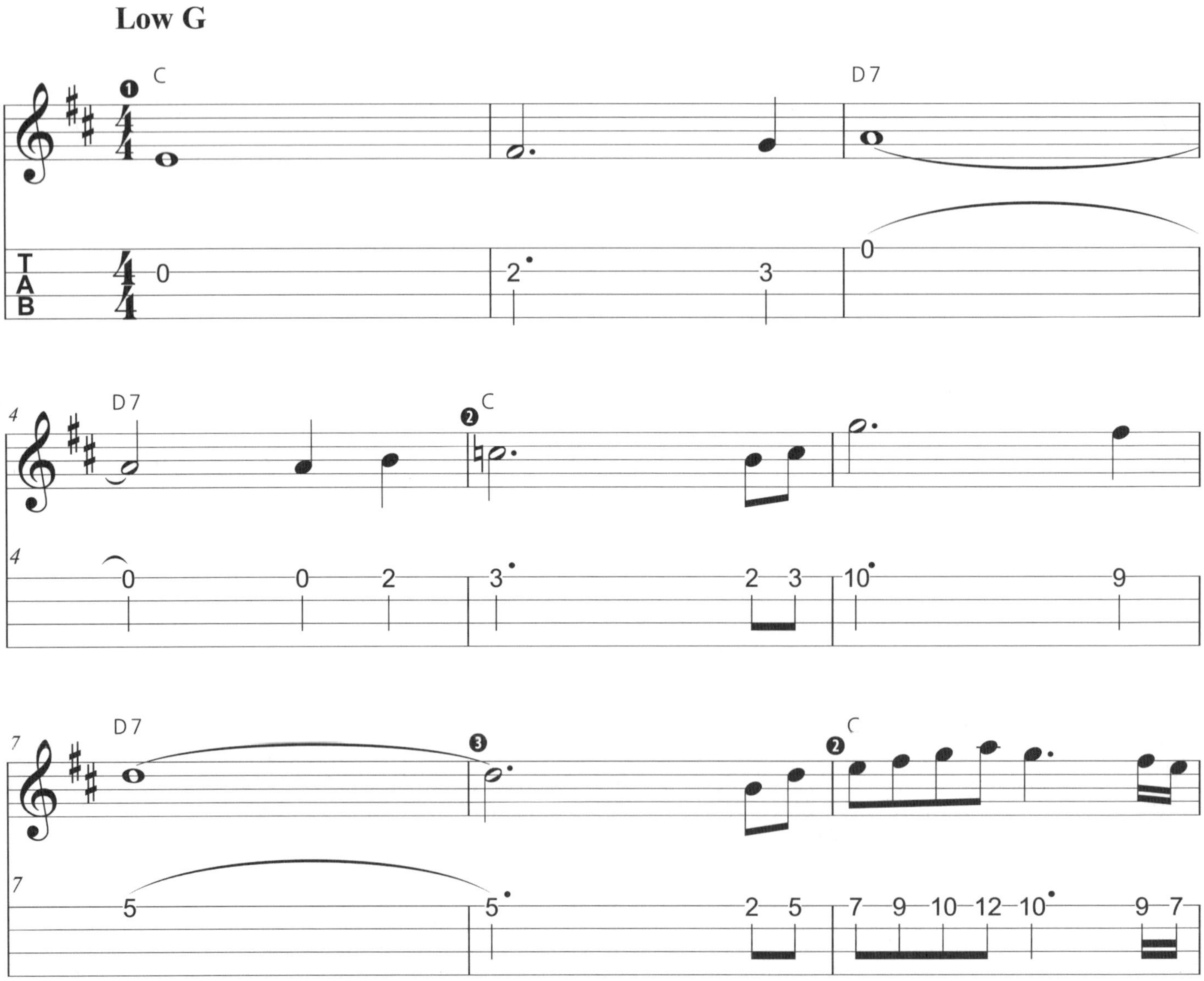

Low G

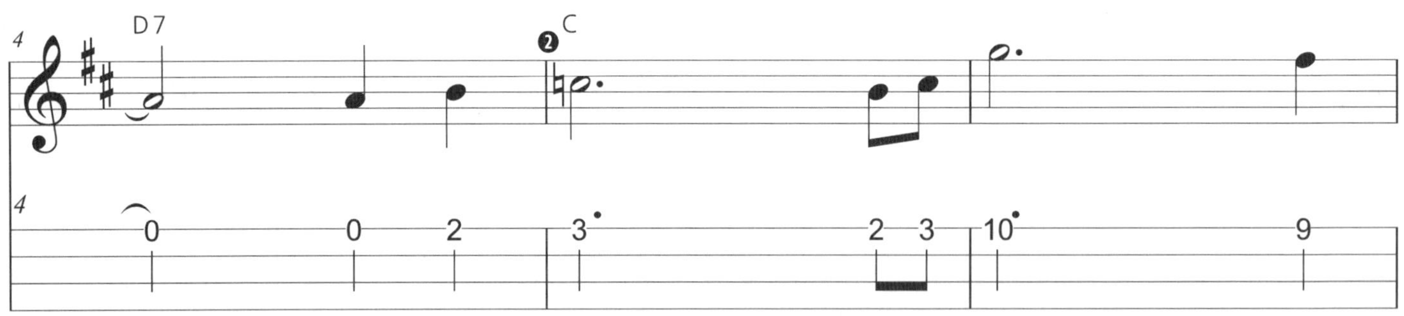

NO COPY

NO COPY

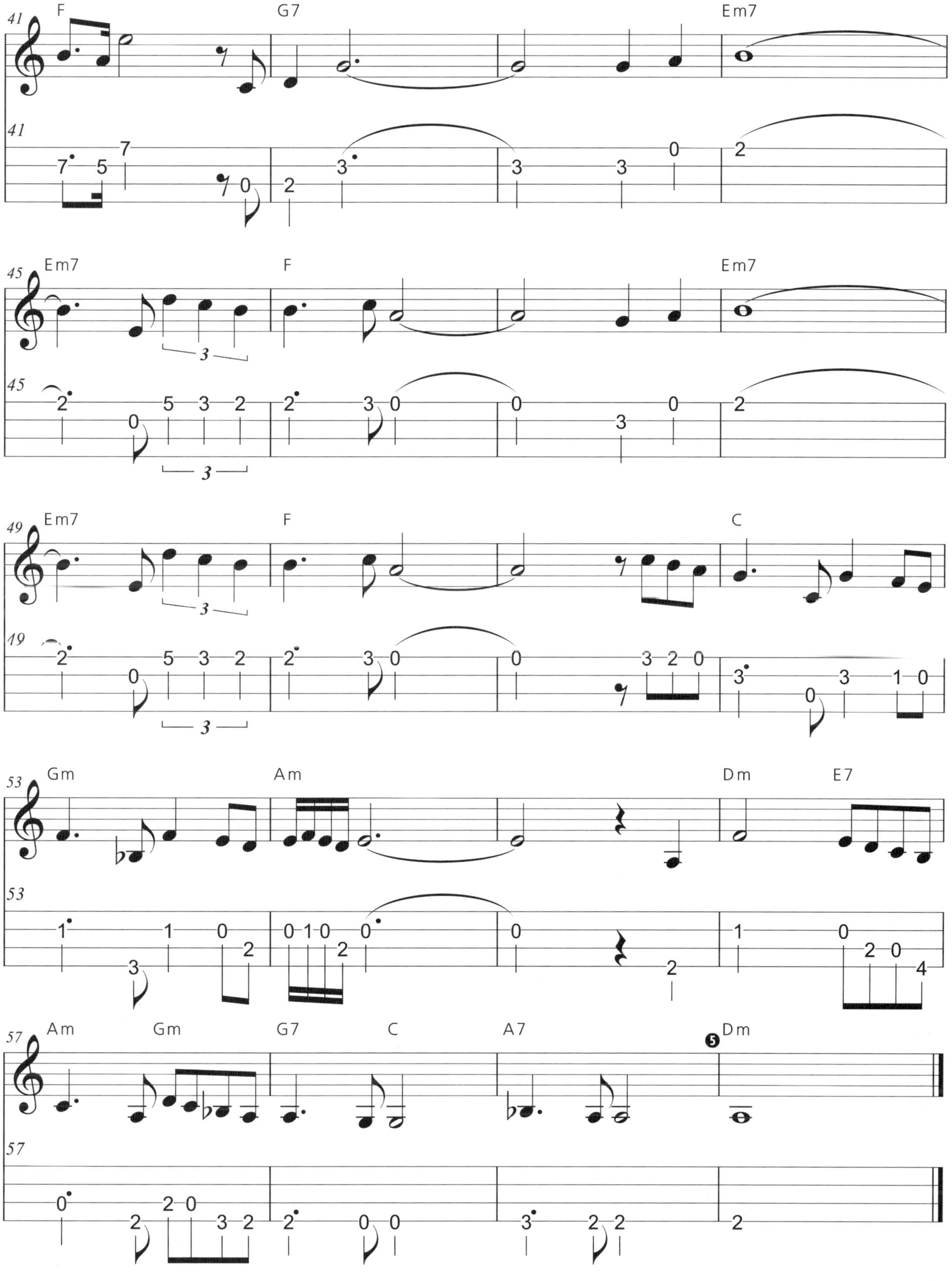
41
F
G7
Em7
41
45
Em7
F
Em7
45
49
Em7
F
C
49
53
Gm
Am
Dm
E7
53
57
Am
Gm
G7
C
A7
5
Dm
57

'붉은 돼지' OST

체리가 익어갈 무렵

Antoine Renard 작곡

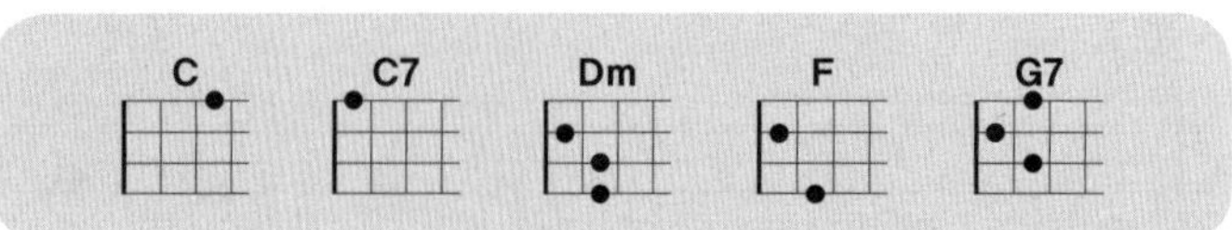

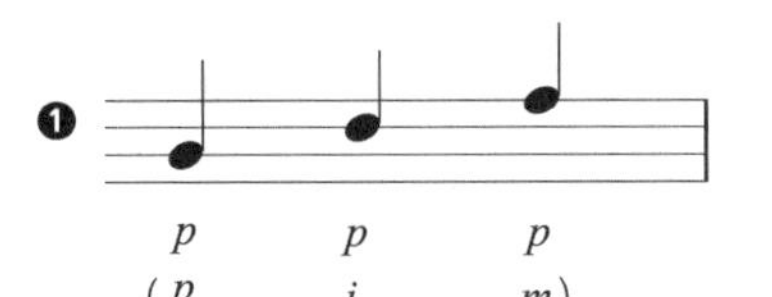

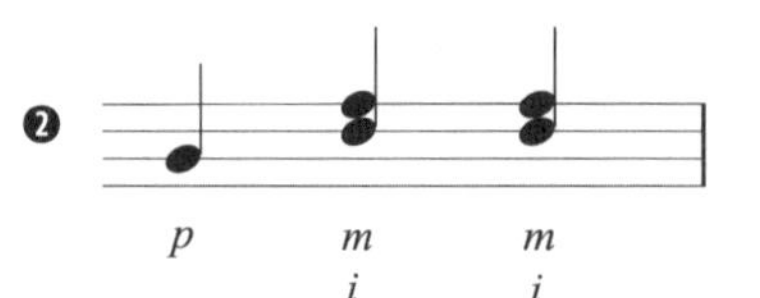

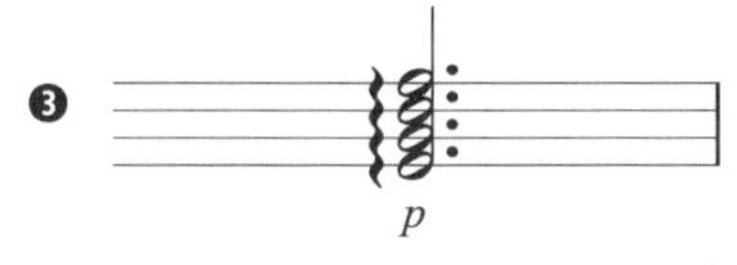

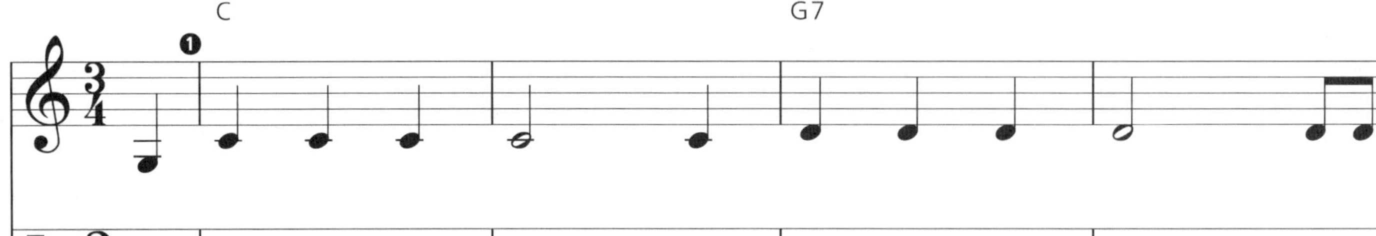

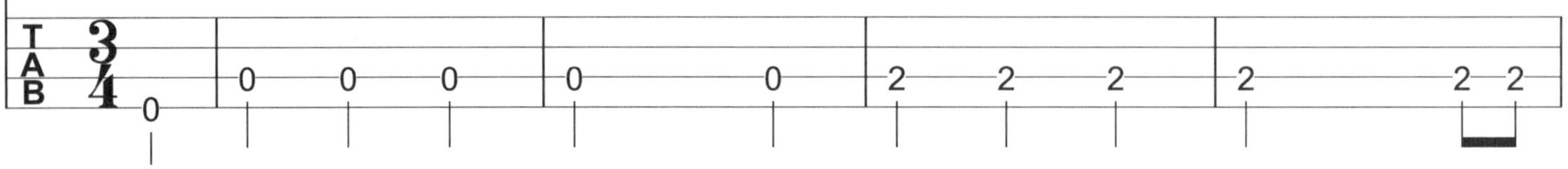

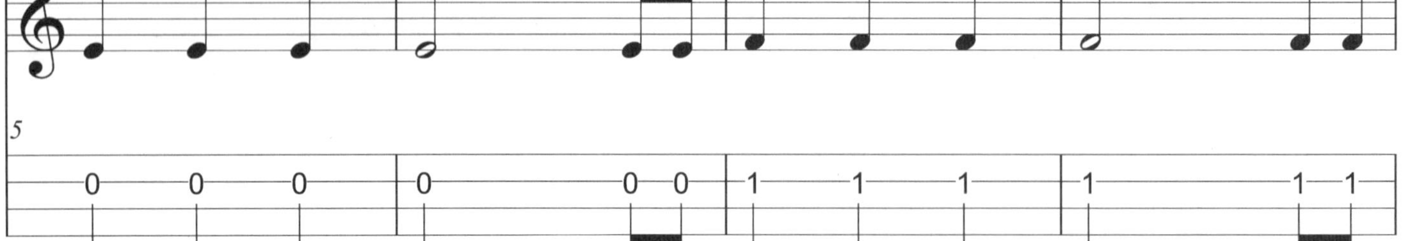

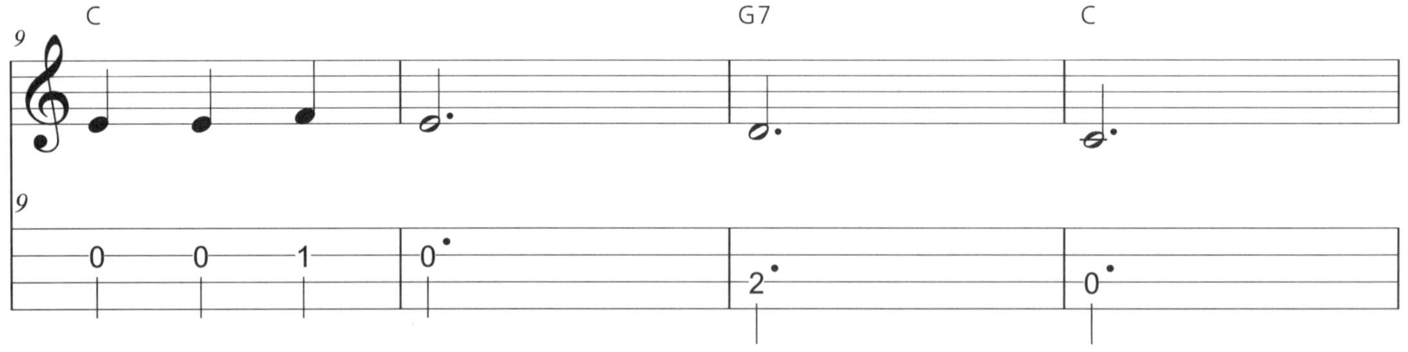

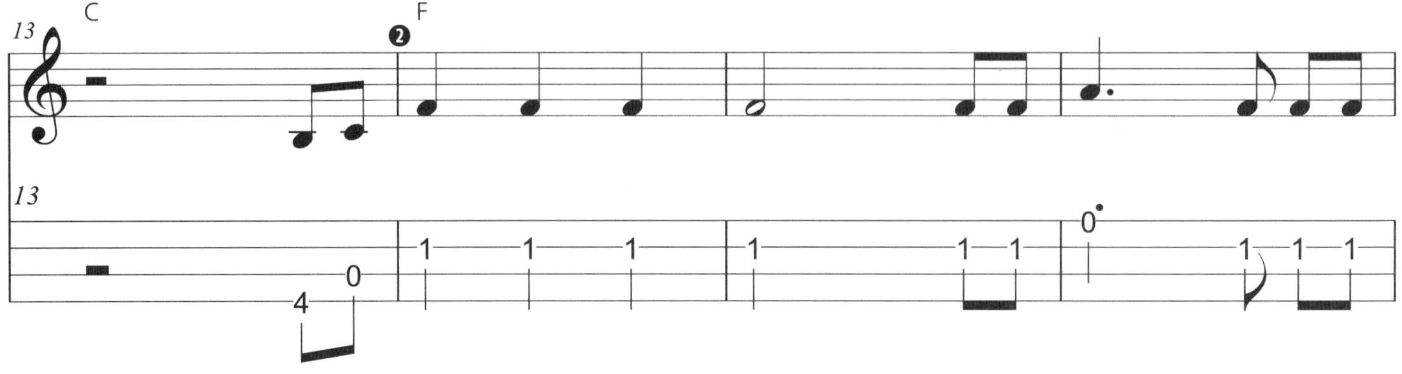

NO COPY

컨트리 로드

Danoff Mary Catherine, William Thomas Danoff, John Denver 작곡

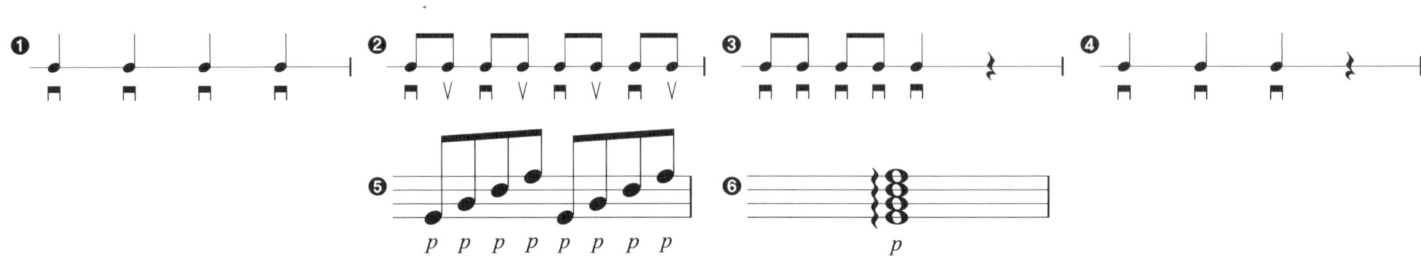

Low G

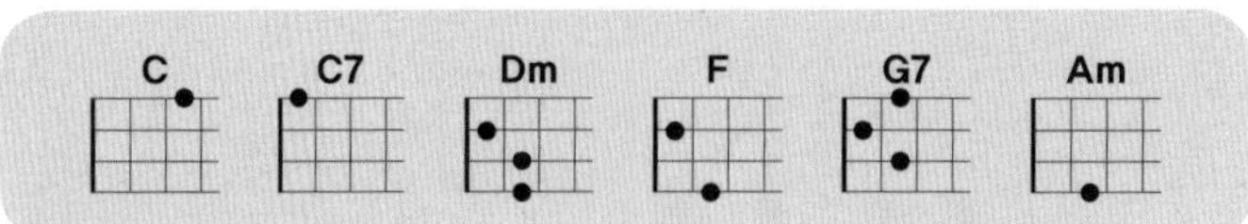

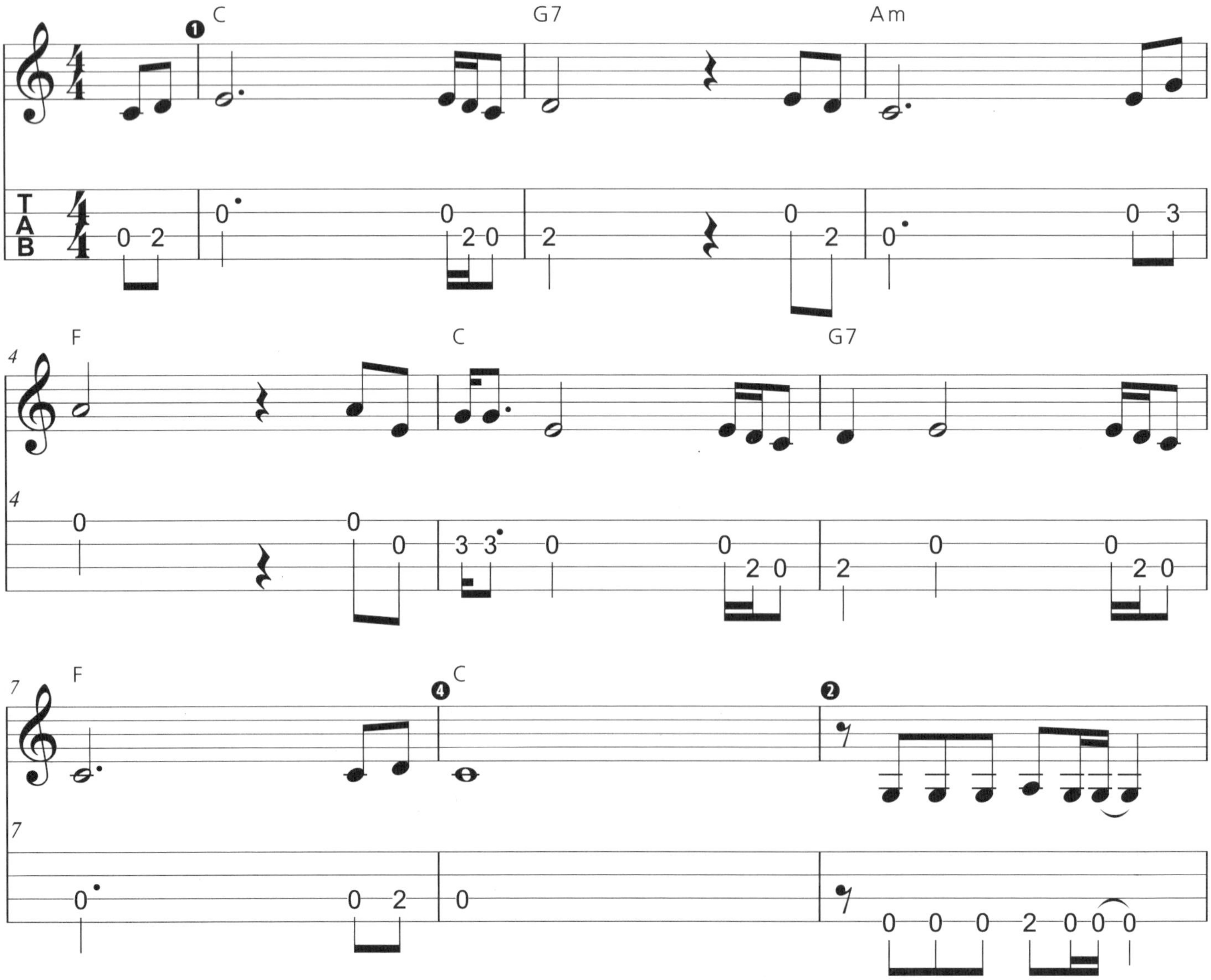

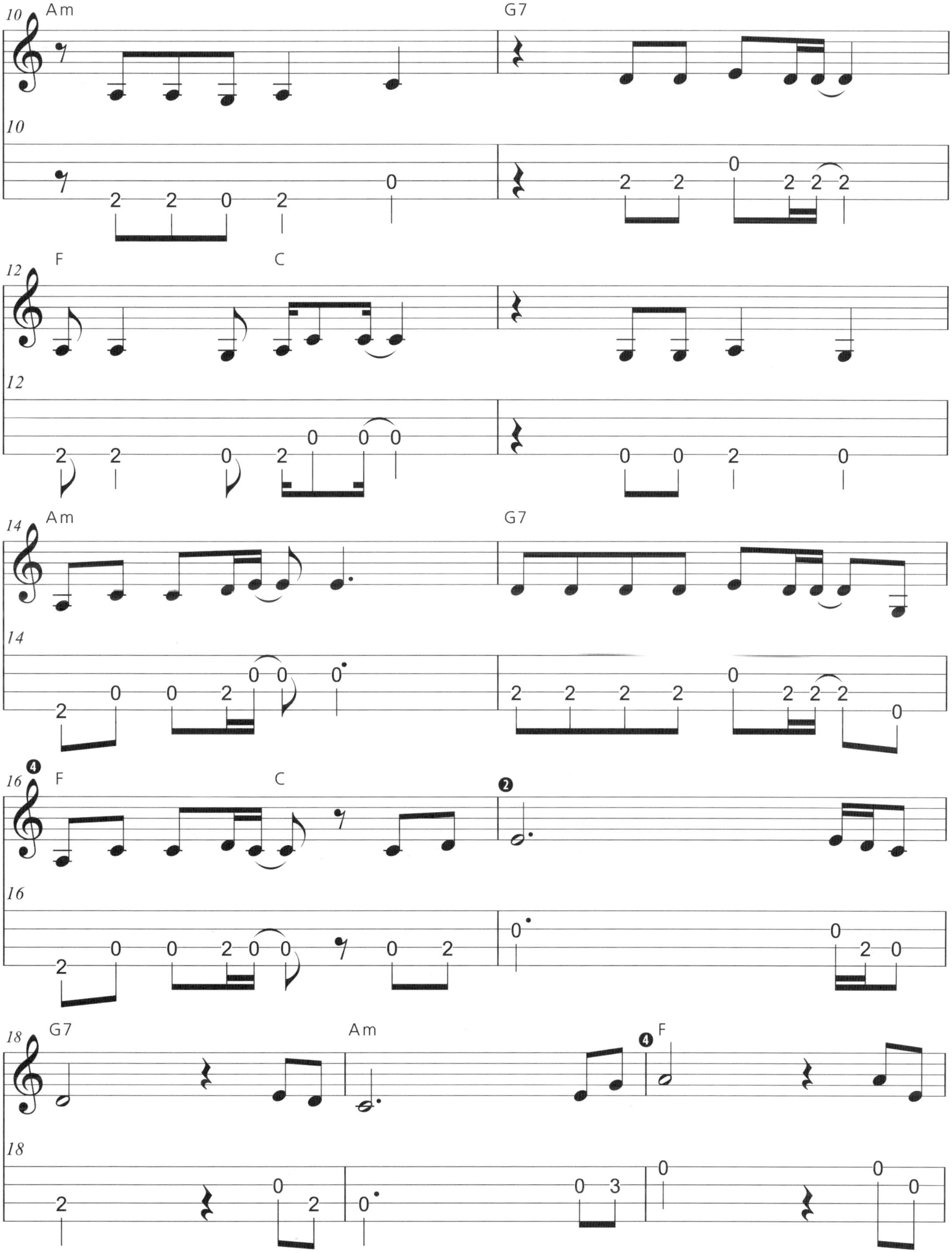
10
Am
G7
12
F
C
14
Am
G7
16
F
C
18
G7
Am
F

NO COPY

NO COPY

모범 연주

'고양이의 보은' OST

하루의 추억

Nomi Yuji 작곡

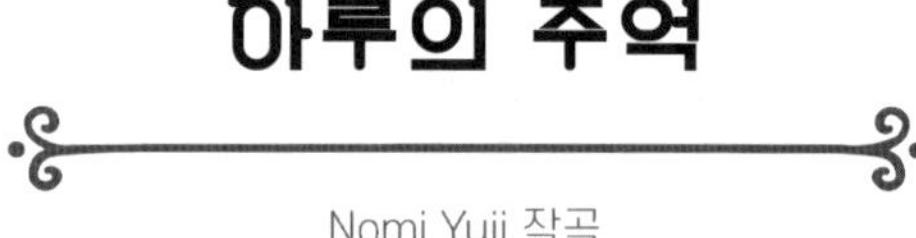

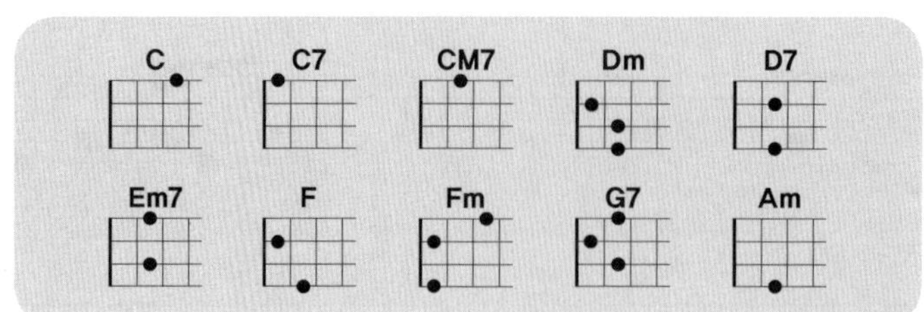

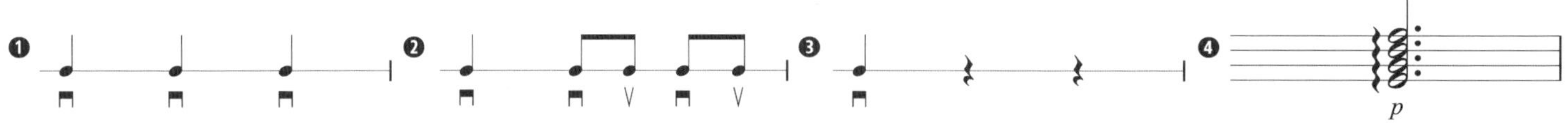

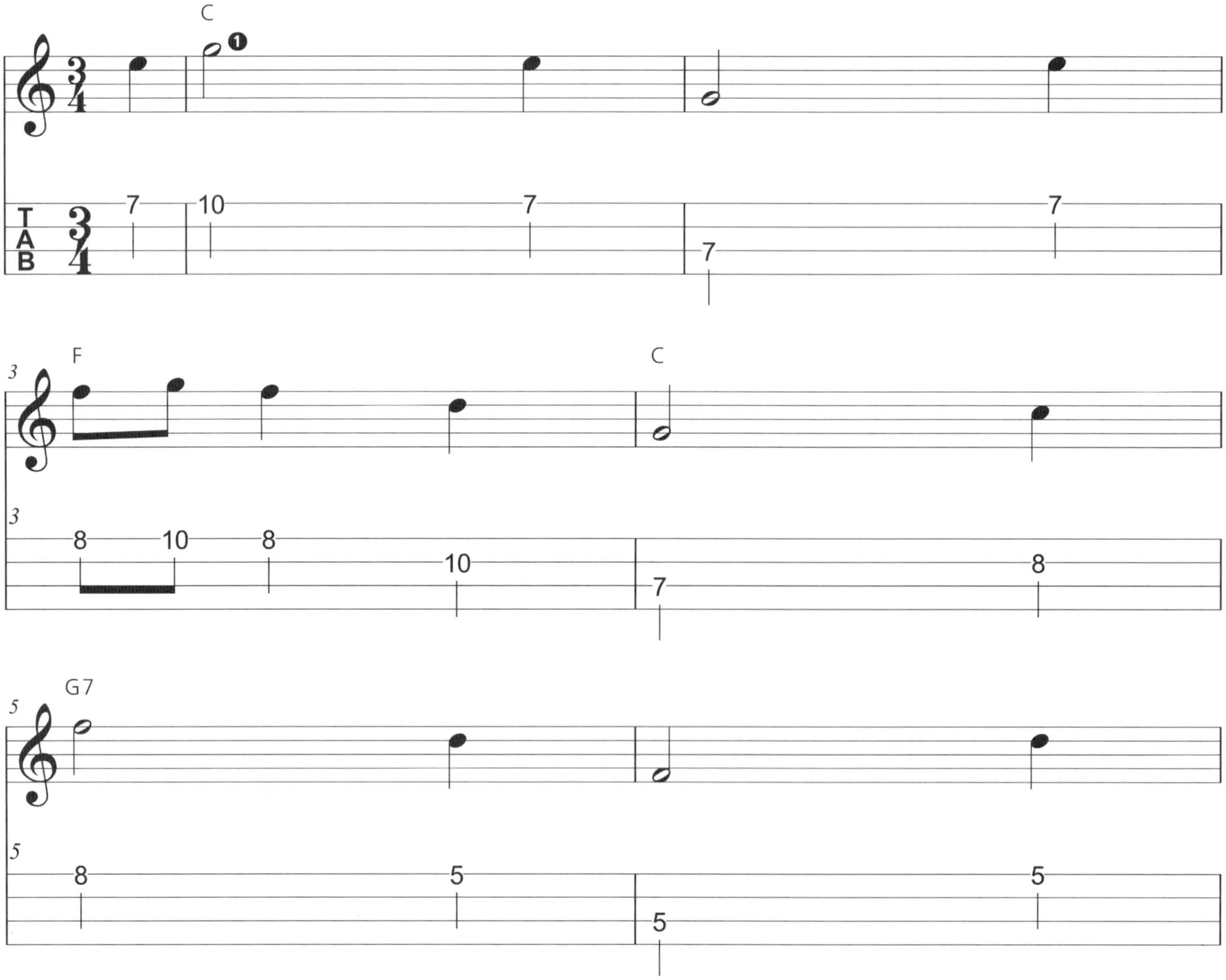

NO COPY

NO COPY

저자 **윤문선**

(현)대진대학교 평생교육원 겸임교수
(현)수도국제대학원 음악교육과 겸임교수
(현)예술감성놀이터 대표
Italy Gaspare spontini 음악교육 박사과정
우아하신 우쿨렐레 앙상블 단장

저서

『악보를 몰라도 숫자만 알면 텅드럼』
『Enjoy 칼림바 앙상블 연주곡집 1』
『처음 만나는 11키 기초 텅드럼』
『혼자서도 연주하기 쉬운 스튜디오 지브리 하모니카 연주곡집』

유튜브 채널 '윤쌤악기연주' 운영
인스타그램 @musictherapist81

혼자서도 연주하기 쉬운

스튜디오 지브리

우쿨렐레 연주곡집

발행일 2024년 3월 29일
저자 윤문선

편집진행 황세빈 · **디자인** 김은경 · **사보** 전수아
마케팅 현석호, 신창식 · **관리** 남영애, 김명희

발행처 (주)태림스코어
발행인 정상우
출판등록 2012년 6월 7일 제 313-2012-196호
주소 서울시 은평구 증산로 9길 32 (03496)
전화 02)333-3705 · **팩스** 02)333-3748

ISBN 979-11-5780-383-5-13670

**샐리쌤의
나의 첫 우쿨렐레**

우승주 저 / 88쪽 / 8,000원

**우쿨소년의
OST 우쿨렐레**

윤철환 저 / 72쪽 / 13,000원

**우쿨소년의
팝스 우쿨렐레**

윤철환 저 / 148쪽 / 10,000원

**이감독의
친절한 우쿨렐레**

이감독 저 / 136쪽 / 13,000원

**이감독의
우쿨렐레 연주곡의 정석**

이감독 저 / 92쪽 / 15,000원

**정선쌤의
우쿨렐레 반주법**

오정선 저 / 136쪽 / 15,000원

스튜디오 지브리

우쿨렐레 연주곡집

ISBN 979-11-5780-383-5-13670
값 10,000원